2025年*春 受験用 解答集

愛知県

滝

高等学校

2019〜2013年度の7年分

本書は，実物をなるべくそのままに，プリント形式で年度ごとに収録しています。
問題用紙を教科別に分けて使うことができるので，本番さながらの演習ができます。

■ 収録内容

・解答集（この冊子です）

　　書籍ID番号，この問題集の使い方，リアル過去問の活用，解答例と解説，
　　ご使用にあたってのお願い・ご注意，お問い合わせ

・2019(平成31)年度 〜 2013(平成25)年度　学力検査問題

・リスニング問題音声《オンラインで聴く》　詳しくは次のページをご覧ください。

○は収録あり　　　　　年度	'19	'18	'17	'16	'15	'14	'13
■ 問題(一般入試)	○	○	○	○	○	○	○
■ 解答用紙	○	○	○	○	○	○	○
■ 解答・解説	○	○	○	○	○	○	○
■ 英語リスニング音声・原稿	○	○	○	○	○	○	○
■ 配点							

☆問題文等の非掲載はありません

もっと過去問！シリーズ

K 教英出版

JN132058

■ 書籍ID番号

　リスニング問題の音声は，教英出版ウェブサイトの「ご購入者様のページ」画面で，書籍ID番号を入力してご利用ください。

　入試に役立つダウンロード付録や学校情報なども随時更新して掲載しています。

書籍ID番号　**181021**　

（有効期限：2025年9月30日まで）

【入試に役立つダウンロード付録】
「高校合格への道」

【リスニング問題音声】
オンラインで問題の音声を聴くことができます。
有効期限までは無料で何度でも聴くことができます。

■ この問題集の使い方

　年度ごとにプリント形式で収録しています。針を外して教科ごとに分けて使用します。①片側，②中央のどちらかでとじてありますので，下図を参考に，問題用紙と解答用紙に分けて準備をしましょう（解答用紙がない場合もあります）。

　針を外すときは，けがをしないように十分注意してください。また，針を外すと紛失しやすくなりますので気をつけましょう。

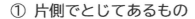

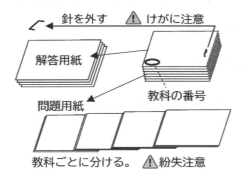

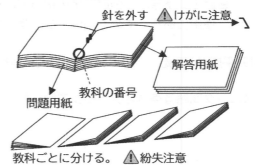

① 片側でとじてあるもの

② 中央でとじてあるもの

※教科数が上図と異なる場合があります。
　解答用紙がない場合や，問題と一体になっている場合があります。
　教科の番号は，教科ごとに分けるときの参考にしてください。

リアル過去問の活用

~リアル過去問なら入試本番で力を発揮することができる~

❀ 本番を体験しよう！

問題用紙の形式（縦向き／横向き），問題の配置や余白など，実物に近い紙面構成なので本番の臨場感が味わえます。まずはパラパラとめくって眺めてみてください。「これが志望校の入試問題なんだ！」と思えば入試に向けて気持ちが高まることでしょう。

❀ 入試を知ろう！

同じ教科の過去数年分の問題紙面を並べて，見比べてみましょう。

① 問題の量

毎年同じ大問数か，年によって違うのか，また全体の問題量はどのくらいか知っておきましょう。どのくらいのスピードで解けば時間内に終わるのか，大問ひとつにかけられる時間を計算してみましょう。

② 出題分野

よく出題されている分野とそうでない分野を見つけましょう。同じような問題が過去にも出題されていることに気がつくはずです。

③ 出題順序

得意な分野が毎年同じ大問番号で出題されていると分かれば，本番で取りこぼさないように先回りして解答することができるでしょう。

④ 解答方法

記述式か選択式か（マークシートか），見ておきましょう。記述式なら，単位まで書く必要があるかどうか，文字数はどのくらいかなど，細かいところまでチェックしておきましょう。計算過程を書く必要があるかどうかも重要です。

⑤ 問題の難易度

必ず正解したい基本問題，条件や指示の読み間違いといったケアレスミスに気をつけたい問題，後回しにしたほうがいい問題などをチェックしておきましょう。

❀ 問題を解こう！

志望校の入試傾向をつかんだら，問題を何度も解いていきましょう。ほかにも問題文の独特な言いまわしや，その学校独自の答え方を発見できることもあるでしょう。オリンピックや環境問題など，話題になった出来事を毎年出題する学校だと分かれば，日頃のニュースの見かたも変わってきます。

こうして志望校の入試傾向を知り対策を立てることこそが，過去問を解く最大の理由なのです。

❀ 実力を知ろう！

過去問を解くにあたって，得点はそれほど重要ではありません。大切なのは，志望校の過去問演習を通して，苦手な教科，苦手な分野を知ることです。苦手な教科，分野が分かったら，教科書や参考書に戻って重点的に学習する時間をつくりましょう。今の自分の実力を知れば，入試本番までの勉強の道すじが見えてきます。

❀ 試験に慣れよう！

入試では時間配分も重要です。本番で時間が足りなくなってあわてないように，リアル過去問で実戦演習をして，時間配分や出題パターンに慣れておきましょう。教科ごとに気持ちを切り替える練習もしておきましょう。

❀ 心を整えよう！

入試は誰でも緊張するものです。入試前日になったら，演習をやり尽くしたリアル過去問の表紙を眺めてみましょう。問題の内容を見る必要はもうありません。どんな形式だったかな？受験番号や氏名はどこに書くのかな？…ほんの少し見ておくだけでも，志望校の入試に向けて心の準備が整うことでしょう。

そして入試本番では，見慣れた問題紙面が緊張した心を落ち着かせてくれるはずです。

※まれに入試形式を変更する学校もありますが，条件はほかの受験生も同じです。心を整えてあせらずに問題に取りかかりましょう。

数　学

平成 **31** 年度 解答例・解説

=== 《解答例》 ===

1 (1)$(2x+y+4)(2x+y-4)$　　(2)$x=-\dfrac{9}{7}$　$y=\dfrac{8}{7}$　　(3)$\dfrac{3}{5}a+\dfrac{2}{5}b$　　(4)$3a^2$

2 (1)$a=1$　$b=4$　　(2)$AB=6\sqrt{2}$　$AO=2\sqrt{2}$　　(3)$(1,-1)$,$(-5,5)$　　(4)$-1\pm\sqrt{13}$

3 (1)$\dfrac{2}{3}$　　(2)$\dfrac{2}{9}$　　(3)$\dfrac{26}{27}$

4 (1)$3\sqrt{6}$　　(2)$9\sqrt{2}$　　(3)81

5 (1)0.15　　(2)126　　(3)$x=8$　$y=10$　　(4)(あ)130,150　(い)110,130

6 (1)名称…正四面体　体積…72　　(2)$S=16$　$V=\dfrac{56}{3}$

=== 《解　説》 ===

1 (1)　与式$=(2x+y)^2-4^2=(2x+y+4)(2x+y-4)$

(2)　$x+2y=1$…①とする。$\dfrac{x}{3}-\dfrac{y}{2}=-1$の両辺に6をかけて，$2x-3y=-6$…②とする。

①×2－②でxを消去すると，$4y-(-3y)=2-(-6)$　　$7y=8$　　$y=\dfrac{8}{7}$

①に$y=\dfrac{8}{7}$を代入すると，$x+2\times\dfrac{8}{7}=1$　　$x=1-\dfrac{16}{7}=-\dfrac{9}{7}$

(3)　含まれる食塩の量について等式を作って整理すると，

$300\times\dfrac{a}{100}+200\times\dfrac{b}{100}=(300+200)\times\dfrac{c}{100}$　　$3a+2b=5c$　　$c=\dfrac{3}{5}a+\dfrac{2}{5}b$

(4)　正十二角形は右図のように△OABと合同な12個の二等辺三角形に分け

られる。∠AOB$=360\div12=30(°)$だから，直角三角形OAHは3辺の比が

$1:2:\sqrt{3}$の直角三角形とわかるので，AH$=\dfrac{1}{2}$OA$=\dfrac{1}{2}$a

よって，△OAB$=\dfrac{1}{2}\times a\times\dfrac{1}{2}a=\dfrac{1}{4}a^2$だから，正十二角形の面積は，

$\dfrac{1}{4}a^2\times12=3a^2$

2 (1)　Aは放物線$y=\dfrac{1}{2}x^2$上の点だから，$x=-2$を代入すると$y=\dfrac{1}{2}\times(-2)^2=2$となるので，A$(-2,2)$である。同様に求めると，B$(4,8)$とわかる。

$y=ax+b$にAの座標を代入すると，$2=-2a+b$，Bの座標を代入すると，$8=4a+b$となる。

これらを連立方程式として解くと，$a=1$，$b=4$となる。

(2)　右のように作図すると，直線ABの傾きが1であることから，

∠BAE$=45°$となるので，△ABEは直角二等辺三角形とわかる。

AE$=$（Bのx座標）$-$（Aのx座標）$=4-(-2)=6$だから，

AB$=\sqrt{2}$AE$=6\sqrt{2}$

同様に，直線AOの傾きを求めると-1となるので，△AOFは直角二等辺

三角形であり，AO$=\sqrt{2}$OF$=2\sqrt{2}$

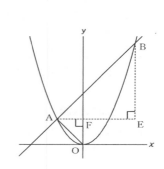

(3)　(2)の解説より，∠BAO＝45＋45＝90(°)となる。したがって，

直線AO上に点Dをとり，直線AOと平行でBを通る直線上に点C

をとれば，四角形ABCDは長方形となる（ただし，C，Dは直線

ABに対して同じ側にとる）。長方形ABCDの面積が36のとき，

AD＝36÷AB＝36÷$6\sqrt{2}$＝$3\sqrt{2}$である。条件に合うDの位置

として，右図のD_1とD_2が考えられる。

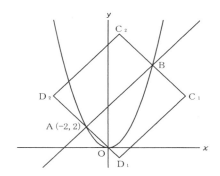

(2)の解説のようにADを斜辺とする直角二等辺三角形をイメージす

ると，AD＝$3\sqrt{2}$のとき，AとDのx座標の差とy座標の差がとも

に3であるとわかる。

よって，D_1は，x座標が－2＋3＝1，y座標が2－3＝－1だから，D_1(1，－1)

D_2は，x座標が－2－3＝－5，y座標が2＋3＝5だから，D_2(－5，5)

(4)　ABの垂直二等分線上にPをとると，PA＝PBとなる。したがって，

ABの垂直二等分線と放物線との交点のx座標を求めればよい。

ABの中点をMとすると，Mのx座標は，$\dfrac{(AとBのx座標の和)}{2}=\dfrac{-2+4}{2}=1$，

y座標は，$\dfrac{(AとBのy座標の和)}{2}=\dfrac{2+8}{2}=5$だから，M(1，5)である。

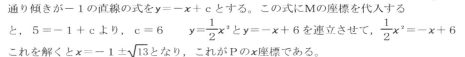

ここまでの解説から，直線ABと垂直な直線の傾きは－1とわかるので，Mを

通り傾きが－1の直線の式を$y=-x+c$とする。この式にMの座標を代入する

と，5＝－1＋cより，$c=6$　　$y=\dfrac{1}{2}x^2$と$y=-x+6$を連立させて，$\dfrac{1}{2}x^2=-x+6$

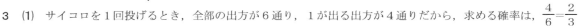

これを解くと$x=-1\pm\sqrt{13}$となり，これがPのx座標である。

3　(1)　サイコロを1回投げるとき，全部の出方が6通り，1が出る出方が4通りだから，求める確率は，$\dfrac{4}{6}=\dfrac{2}{3}$

(2)　サイコロを2回投げるとき，全部の出方は6×6＝36(通り)ある。

1の面が4つ，3の面が1つあるから，1回目に1，2回目に3が出る出方は4×1＝4(通り)，1回目に3，

2回目に1が出る出方は1×4＝4(通り)ある。したがって，条件に合う出方は4＋4＝8(通り)あるから，求

める確率は，$\dfrac{8}{36}=\dfrac{2}{9}$

(3)　(1が少なくとも1回出る確率)＝1－(1が1回も出ない確率)，で求める。

サイコロを3回投げるとき，全部の出方は6×6×6＝216(通り)ある。

1以外の面は2つあるから，3回とも1が出ない出方は，2×2×2＝8(通り)ある。

よって，1が1回も出ない確率は，$\dfrac{8}{216}=\dfrac{1}{27}$だから，1が少なくとも1回出る確率は，$1-\dfrac{1}{27}=\dfrac{26}{27}$

4 (1) ＢＤが直径だから，∠ＢＡＤ＝90°

△ＡＢＣにおいて内角の和より，∠ＡＣＢ＝180－75－60＝45(°)

同じ弧に対する円周角は等しいから，∠ＡＤＢ＝∠ＡＣＢ＝45°

したがって，△ＡＢＤは直角二等辺三角形とわかるから，

ＢＤ＝$\sqrt{2}$ＡＢ＝$\sqrt{2}$×6$\sqrt{3}$＝6$\sqrt{6}$，ＯＢ＝$\frac{1}{2}$ＢＤ＝$\frac{1}{2}$×6$\sqrt{6}$＝3$\sqrt{6}$

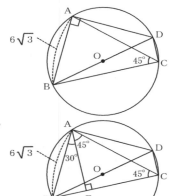

(2) 75°＝30°＋45°だから，右図のようにＡからＢＣに垂線ＡＥを引くことで，

△ＡＢＣを，3辺の比が1：2：$\sqrt{3}$の直角三角形(△ＡＢＥ)と，直角二等辺

三角形(△ＡＥＣ)に分けることができる。

ＡＥ＝$\frac{\sqrt{3}}{2}$ＡＢ＝$\frac{\sqrt{3}}{2}$×6$\sqrt{3}$＝9，ＡＣ＝$\sqrt{2}$ＡＥ＝9$\sqrt{2}$

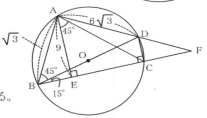

(3) 四角形ＡＢＣＤを△ＡＢＤと△ＢＣＤに分けて考える。

△ＡＢＤの面積はすぐに求められるので，△ＢＣＤの面積を

求めるために，右図のようにＡＤとＢＣを延長して点Ｆをとる。

(1)(2)の解説より，図のように線分の長さや角度がわかる。

∠ＣＡＤ＝∠ＣＢＤ＝15°だから，∠ＥＡＦ＝60°なので，

△ＦＡＥと△ＦＤＣは3辺の比が1：2：$\sqrt{3}$の直角三角形とわかる。

したがって，ＡＦ＝2ＡＥ＝2×9＝18，ＤＦ＝18－6$\sqrt{3}$，

ＤＣ＝$\frac{1}{2}$ＤＦ＝$\frac{1}{2}$(18－6$\sqrt{3}$)＝9－3$\sqrt{3}$

ＢＥ＝$\frac{1}{2}$ＡＢ＝$\frac{1}{2}$×6$\sqrt{3}$＝3$\sqrt{3}$，ＥＣ＝ＡＥ＝9だから，

△ＢＣＤ＝$\frac{1}{2}$×ＢＣ×ＤＣ＝$\frac{1}{2}$(9＋3$\sqrt{3}$)(9－3$\sqrt{3}$)＝27

△ＡＢＤ＝$\frac{1}{2}$×ＡＢ×ＡＤ＝$\frac{1}{2}$×6$\sqrt{3}$×6$\sqrt{3}$＝54

よって，四角形ＡＢＣＤの面積は，27＋54＝81

5 (1) $\frac{9}{60}$＝0.15

(2) 度数分布表から平均値を求めるときは，$\dfrac{\{(階級値)×(その階級の度数)\}の合計}{(度数の合計)}$を計算すればよいが，計算を

簡単にするために，110ｇ以上130ｇ未満の階級の階級値の120ｇを仮の平均とする。表にまとめると下のように

なるから，Ｂさんの「仮の平均との差」の平均は，(＋360)÷60＝＋6であり，平均値は，120＋6＝126(ｇ)となる。

鮎の重量(ｇ) 以上～未満	階級値(ｇ)	仮の平均と の差(ｇ)	Ａさん 度数(匹)	Ｂさん 度数(匹)	Ａさん (仮の平均との差)×(度数)	Ｂさん (仮の平均との差)×(度数)
50 ～ 70	60	－60	6	5	－360	－300
70 ～ 90	80	－40	7	5	－280	－200
90 ～110	100	－20	x	9	－20x	－180
110 ～130	120	±0	y	10	0	0
130 ～150	140	＋20	9	14	＋180	＋280
150 ～170	160	＋40	11	13	＋440	＋520
170 ～190	180	＋60	9	4	＋540	＋240
計			60	60	520－20x	＋360

(3) (2)の解説の表より，520－20x＝360になればよいので，これを解くとx＝8とわかる。

また，y＝60－(6＋7＋8＋9＋11＋9)＝10

(4) 60匹の中央値は，60÷2＝30より，軽い方(または重い方)から30番目と31番目の重さの平均である。

Ｂさんの場合，130ｇ未満が5＋5＋9＋10＝29(匹)，150ｇ未満が29＋14＝43(匹)だから，中央値は(あ)<u>130ｇ以</u>

<u>上150ｇ未満</u>の階級に含まれる。Ａさんの場合，110ｇ未満が6＋7＋8＝21(匹)，130ｇ未満が21＋10＝31(匹)

だから，中央値は(い)<u>110 g 以上 130 g 未満の階級</u>に含まれる。

6 (1) 立体アは右図の太線のような立体であり，すべての辺の長さが等しいから，4つの面が合同な正三角形になっている。このような三角すいを正四面体という。立体アの体積は，立方体ABCD-EFGHの体積から，合同な4つの三角すいE-ABD，G-BCD，B-EFG，D-EGHの体積を引けば求められる。

立方体ABCD-EFGHの体積は，$6 \times 6 \times 6 = 216$

三角すいE-ABDの体積は，$\dfrac{1}{3} \times \left(\dfrac{1}{2} \times 6 \times 6\right) \times 6 = 36$

よって，立体アの体積は，$216 - 36 \times 4 = 72$

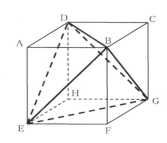

(2) 切断した平面とBE，BG，DG，DE，CG，DH，AEとの交点をそれぞれI，J，K，L，Q，R，Sとする。立体アの断面は右図Ⅰの色をつけた面である。

△IBPは直角二等辺三角形だから，IP＝BP＝2　　同様に，JP＝2，LR＝2，KR＝2だから，正方形PQRSにおいて，図Ⅱのようになる。

図Ⅱの色つきの部分以外は4つの直角二等辺三角形だから，色つきの部分は長方形であり，$IJ = \sqrt{2}\,IP = 2\sqrt{2}$，$KJ = \sqrt{2}\,JQ = 4\sqrt{2}$

よって，$S = 2\sqrt{2} \times 4\sqrt{2} = 16$

また，立体DBIJKLの体積は，直方体ABCD-SPQRの体積から，合同な2つの立体ABD-SIL，CBD-QJKの体積と，合同な2つの三角すいB-IPJ，D-KRLの体積を引くと求められる。

直方体ABCD-SPQRの体積は，$6 \times 6 \times 2 = 72$

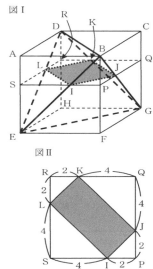

図Ⅰ

図Ⅱ

三角すいE-ABD（(1)の解説より，体積36）と三角すいE-SILは相似で，相似比がES：EA＝2：3だから，体積比は$2^3 : 3^3 = 8 : 27$である。これより，立体ABD-SILと三角すいE-ABDの体積比は，$(27-8) : 27 = 19 : 27$だから，立体ABD-SILの体積は，$36 \times \dfrac{19}{27} = \dfrac{76}{3}$

三角すいB-EFGと三角すいB-IPJは相似で，相似比がBP：BF＝1：3だから，体積比は$1^3 : 3^3 = 1 : 27$である。これより，三角すいB-IPJの体積は，$36 \times \dfrac{1}{27} = \dfrac{4}{3}$

よって，$V = 72 - \dfrac{76}{3} \times 2 - \dfrac{4}{3} \times 2 = \dfrac{56}{3}$

— 《解答例》 —

1 (1)$xy(x+2y)(x-2y)$　(2)$3\pm\sqrt{7}$　(3)8　(4)③，④

2 (1)3564　(2)1485

3 (1)$\dfrac{1}{2}$　(2)$y=\dfrac{4}{5}x+\dfrac{18}{5}$，$y=2$　(3)$y=-2x+4$

4 (1)$\sqrt{5}$　(2)$\dfrac{5}{4}$　(3)$\sqrt{2}$

5 (1)40　(2)50　(3)$\dfrac{140}{3}$

6 (1)$\dfrac{\sqrt{7}}{3}$　(2)$\dfrac{2\sqrt{6}}{9}$

(3)$OM=\dfrac{\sqrt{3}}{6}$，$ON=\dfrac{\sqrt{3}}{2}$，$MN=\dfrac{\sqrt{6}}{3}$なので$OM^2+MN^2=ON^2$より$\angle OMN=90°$　(4)$\dfrac{2}{9}$

— 《解　説》 —

1 (1)　与式$=xy(x^2-4y^2)=xy(x+2y)(x-2y)$

(2)　与式より，$x^2-6x+8=6$　　$x^2-6x+2=0$

2次方程式の解の公式より，$x=\dfrac{-(-6)\pm\sqrt{(-6)^2-4\times1\times2}}{2\times1}=\dfrac{6\pm\sqrt{28}}{2}=3\pm\sqrt{7}$

(3)　3gの分銅を2個使うとき，残りの分銅の組み合わせは1gが1個の1通り，

3gの分銅を1個使うとき，残りの分銅の組み合わせは2gが2個，

2gが1個と1gが2個，1gが4個の3通り，

3gの分銅を使わないとき，残りの分銅の組み合わせは2gが3個と1gが1個，

2gが2個と1gが3個，2gが1個と1gが5個，1gが7個の4通りある(右

表参照)。よって，全部で$1+3+4=8$(通り)ある。

3 g	2 g	1 g
2個	0個	1個
1個	2個	0個
1個	1個	2個
1個	0個	4個
0個	3個	1個
0個	2個	3個
0個	1個	5個
0個	0個	7個

(4)　①について，a以外の値を小さい順に並べると，3，4，7，9，10，16となり，aの値が8のとき中央値は

8となる。②について，平均値を求めると，$\dfrac{9+3+7+4+16+a+10}{7}=\dfrac{49+a}{7}$となり，aは1以上なので，平

均値は7より大きい数となる。③について，$a=10$のとき最頻値は10となる。④について，aの値を考えないと

き，最大値は16，最小値は3なので，範囲は$16-3=13$となり，aの値がどんな数であっても，範囲が13より小

さくなることはない。

2 (1)　1月の全体の客数をa人とする。2月の全体の客数をaで表すと，$0.01a=30$となるとわかる。これを解くと，

$a=3000$なので，3月の全体の客数は，$3000\times(1-0.01)\times(1+0.2)=3564$(人)とわかる。

(2)　1月の男性の客数をb人，女性の客数をc人とする。1月の客数より，$b+c=3000\cdots$①，2月の客数より，

$(1-0.1)b+(1+0.1)c=3000\times0.99$　　$9b+11c=29700\cdots$②となり，①と②を連立方程式として解く。

②$-$①$\times9$でbを消去すると，$2c=2700$　　$c=1350$　　①に$c=1350$を代入すると，$b=1650$とわかる。

よって，2月の女性の客数は$1350\times(1+0.1)=1485$(人)となる。

3 (1)　直線OBは原点を通り傾きが2なので，直線$y=2x$とわかる。Bは直線OBと直線$y=x+4$の交点なので，

$2x=x+4$が成り立ち，$x=4$，$y=8$とわかる。よって，Bの座標(4，8)を$y=ax^2$に代入すると，$8=a\times4^2$

となり，これを解くと，$a=\dfrac{1}{2}$となる。

(2) Aを通り，△OABの面積を3：1に分ける直線と直線OBの交点をDとしたとき，△AODと△ADBは，底辺をそれぞれOD，DBとしたときの高さが等しいから，底辺の長さの比は面積比に等しく，OD：DB＝1：3または，OD：DB＝3：1となる。したがって，Dのx座標はBのx座標の$\frac{1}{4}$または$\frac{3}{4}$とわかり，$4 \times \frac{1}{4} = 1$または$4 \times \frac{3}{4} = 3$である。Dは直線OB上の点なので，$x = 1$のとき$y = 2$，$x = 3$のとき$y = 6$となる。Aは，$y = \frac{1}{2}x^2$と$y = x + 4$の交点なので，$\frac{1}{2}x^2 = x + 4$が成り立ち，これを解くと，$x = -2$，4となり，x座標が4である点はBなので，Aのx座標は-2とわかり，y座標は2となる。

求める直線の式を，$y = sx + t$とおき，A$(-2, 2)$，D$(1, 2)$を代入して解くと，$s = 0$，$t = 2$とわかり，$y = 2$となる。またA$(-2, 2)$，D$(3, 6)$を代入して解くと，$s = \frac{4}{5}$，$t = \frac{18}{5}$とわかり，$y = \frac{4}{5}x + \frac{18}{5}$となる。

(3) Cを通り△OABの面積を二等分する直線と線分OBの交点をEとする。
（四角形CAOEの面積）$= \frac{1}{2}$△OABとなるようにEをとればよい。
△OAB＝△AOC＋△BOCであり，△AOCの底辺をOCとしたときの
高さは2点O，Aのx座標の差である$0 - (-2) = 2$，△BOCの底辺をOC
としたときの高さは2点O，Bのx座標の差である$4 - 0 = 4$だから，
△OAB$= \frac{1}{2} \times 4 \times 2 + \frac{1}{2} \times 4 \times 4 = 4 + 8 = 12$となる。

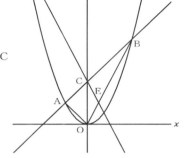

また，（四角形CAOEの面積）＝△AOC＋△EOCであり，$12 \times \frac{1}{2} = 6$となる。したがって，Eの$x$座標を$e$とすると，$4 + \frac{1}{2} \times 4 \times e = 6$が成り立つ。これを解くと$e = 1$となるので，E$(1, 2)$とわかる。

よって，求める直線の式の切片は4だから，$y = sx + 4$とおき，E$(1, 2)$を代入して解くと，$s = -2$とわかり，$y = -2x + 4$となる。

4 (1) 三平方の定理より，BD$= \sqrt{AB^2 + AD^2} = \sqrt{1^2 + 3^2} = \sqrt{10}$である。△DBEは直角二等辺三角形より，BE：BD$= 1 : \sqrt{2}$なので，BE$= \frac{1}{\sqrt{2}}$BD$= \frac{\sqrt{10}}{\sqrt{2}} = \sqrt{5}$である。

(2) △DFCと△BFEについて，$\angle DCF = \angle BEF = 90°$，対頂角より，$\angle DFC = \angle BFE$なので，△DFC∽△BFEとわかる。したがって，FC：FE＝DC：BE$= 1 : \sqrt{5}$となり，FC$= x$とおくと，FE$= \sqrt{5}x$となる。またDF：BF＝DC：BE$= 1 : \sqrt{5}$より，$(\sqrt{5} - \sqrt{5}x) : (3 - x) = 1 : \sqrt{5}$となり，$3 - x = \sqrt{5}(\sqrt{5} - \sqrt{5}x)$が成り立ち，これを解くと，$x = \frac{1}{2}$とわかる。よって，BF$= 3 - \frac{1}{2} = \frac{5}{2}$なので，△DBF$= \frac{1}{2} \times \frac{5}{2} \times 1 = \frac{5}{4}$である。

(3) 円周角の定理の逆より，4点B，E，C，DはBDを直径とする円の円周上にあるとわかり，右のように作図できる。△FBDと△FECについて，円周角の定理より，$\angle BDF = \angle ECF$，対頂角より，$\angle BFD = \angle EFC$なので，△FBD∽△FECとわかる。したがって，BD：EC＝FB：FEなので，BD：EC$= \frac{5}{2} : \frac{\sqrt{5}}{2} = 5 : \sqrt{5}$，BD$= \sqrt{10}$より，EC$= \sqrt{10} \times \frac{\sqrt{5}}{5} = \sqrt{2}$である。

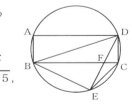

5 (1) 図形の中を点や光が反射しながら進む問題では，発射された点がはじめに進む方向に線を延長し，この線に沿って反射する辺で図形を折り返していくと，点が反射する場所がわかる。したがって，右のように作図できる。
△PXE∽△Y′XX′なので，PE：Y′X′＝XE：XX′となり，PE：Y′X′＝25：50＝1：2，Y′X′$= 80 - 10 - 10 = 60$（cm）より，PE$= \frac{60}{2} = 30$（cm）である。
よって，AP$= 30 + 10 = 40$（cm）にすればよい。

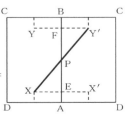

(2) (1)と同様に考え，右のように作図する。

△QXE∽△Y₂XX₁なので，QE：Y₂X₁＝XE：XX₁＝1：2，

Y₂X₁＝80 cmより，QE＝$\frac{80}{2}$＝40(cm)である。

よって，AQ＝40＋10＝50(cm)にすればよい。

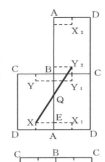

(3) (1)，(2)と同様に考え，右のように作図する。

△RXE∽△Y₃XGなので，RE：Y₃G＝XE：XGとなる。

Y₃G＝80＋70×2＝220(cm)，XG＝25×2＋50×2＝150(cm)なので，

RE：Y₃G＝25：150＝1：6となり，RE＝$\frac{220}{6}$＝$\frac{110}{3}$(cm)とわかる。

よって，AR＝10＋$\frac{110}{3}$＝$\frac{140}{3}$(cm)にすればよい。

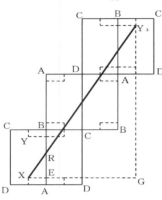

6 (1) 面OBCについて右のように作図する(EP//BC，PF⊥BC，EG⊥BC)。

EP//BCより，△OEPは1辺の長さが$\frac{1}{3}$の正三角形である。GF＝EP＝$\frac{1}{3}$，

BG＝FCより，BG＝GF＝FC＝$\frac{1}{3}$，△PFCは∠PCF＝60°の直角三角形なので，

FC：PF＝1：$\sqrt{3}$，PF＝$\sqrt{3}$FC＝$\frac{\sqrt{3}}{3}$である。よって，三平方の定理より，

PB＝$\sqrt{PF^2＋BF^2}$＝$\sqrt{(\frac{\sqrt{3}}{3})^2＋(\frac{1}{3}×2)^2}$＝$\frac{\sqrt{7}}{3}$

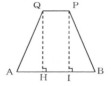

(2) 台形PQABについて右のように作図する(QH⊥AB，PI⊥AB)。

AH＝HI＝IB＝$\frac{1}{3}$，三平方の定理より，PI＝$\sqrt{PB^2－IB^2}$＝$\sqrt{(\frac{\sqrt{7}}{3})^2－(\frac{1}{3})^2}$＝

$\frac{\sqrt{6}}{3}$である。よって，台形PQABの面積は，$\frac{1}{2}×(\frac{1}{3}＋1)×\frac{\sqrt{6}}{3}$＝$\frac{2\sqrt{6}}{9}$

(3) △OPQは正三角形より，△OPMは∠OPM＝60°，PM＝$\frac{1}{3}×\frac{1}{2}$＝$\frac{1}{6}$の直角三角形

なので，PM：OM＝1：$\sqrt{3}$，OM＝$\sqrt{3}$PM＝$\frac{\sqrt{3}}{6}$である。△OANについて，同様にして，ON＝$\sqrt{3}$AN＝

$\frac{\sqrt{3}}{2}$である。MNは台形PQABの高さに等しいので，(2)の解説より，MN＝PI＝$\frac{\sqrt{6}}{3}$である。

(4) 四角錐O‐ABPQの底面積は(2)より$\frac{2\sqrt{6}}{9}$，高さは(3)よりOM＝$\frac{\sqrt{3}}{6}$なので，体積は，$\frac{1}{3}×\frac{2\sqrt{6}}{9}×\frac{\sqrt{3}}{6}$＝

$\frac{\sqrt{2}}{27}$である。

四角錐O‐ABCDの底面積は，1×1＝1である。高さを求めると，3点O，A，C

を通る面で切断すると，切断面は右図のようになり，求める高さはOJの長さである。

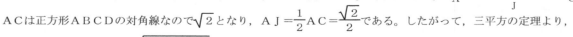

ACは正方形ABCDの対角線なので$\sqrt{2}$となり，AJ＝$\frac{1}{2}$AC＝$\frac{\sqrt{2}}{2}$である。したがって，三平方の定理より，

OJ＝$\sqrt{OA^2－AJ^2}$＝$\sqrt{1^2－(\frac{\sqrt{2}}{2})^2}$＝$\frac{\sqrt{2}}{2}$なので，四角錐O‐ABCDの体積は，$\frac{1}{3}×1×\frac{\sqrt{2}}{2}$＝$\frac{\sqrt{2}}{6}$である。

よって，四角錐O‐ABPQの体積は四角錐O‐ABCDの体積の，$\frac{\sqrt{2}}{27}÷\frac{\sqrt{2}}{6}$＝$\frac{2}{9}$(倍)である。

===《解答例》===

1　(1)$-\dfrac{2}{3}x^4y^3z^2$　　(2)6　　(3)$(a+2)(a-2)(b-4)$　　(4)288

2　(1)$a=3$　$b=11$　　(2)5：3

3　(1)$54\sqrt{3}$　　(2)$108\sqrt{6}$　　(3)$6\sqrt{3}$

4　(1)$\dfrac{4}{3}$　　(2)$1+\sqrt{3}$　　(3)$t=\dfrac{3}{2}$　$b=\dfrac{3}{4}$, $\dfrac{9}{4}$

5　(1)9　　(2)ア.16　イ.12　　(3)14

6　(1)12　　(2)$\dfrac{150}{13}$　　(3)∠OAD，∠ODA　　(4)2：1

===《解　説》===

1　(1)　与式$=4x^4y^2z^4\times\left(-\dfrac{3xy^2}{8}\right)\times\dfrac{4}{9xyz^2}=-\dfrac{4x^4y^2z^4\times3xy^2\times4}{8\times9xyz^2}=-\dfrac{2}{3}x^4y^3z^2$

(2)　yはxに反比例するから，xとyの関係式を$y=\dfrac{a}{x}$とする。$x=6$のとき$y=\dfrac{3}{2}$だから，$\dfrac{3}{2}=\dfrac{a}{6}$が成り立つので，これより$a=9$とわかる。したがって，$y=\dfrac{9}{x}$のグラフ上で$x$座標と$y$座標がともに整数である点の個数を調べる。$y$座標が整数となるのは$x$座標が9の約数のときであり，9の正の約数は{1，3，9}の3個だから，x座標とy座標がともに正の整数である点は，3個ある。同様に，x座標とy座標がともに負の整数である点も3個あるから，求める点の個数は，3＋3＝6（個）

(3)　与式$=b(a^2-4)-4(a^2-4)=(a^2-4)(b-4)=(a+2)(a-2)(b-4)$

(4)　この正八面体は，高さが$12\times\dfrac{1}{2}=6$の正四角錐2個に分けられる。
この正四角錐の底面は，どちらも対角線の長さが12のひし形（正方形）だから，1個の正四角錐の体積は，$\dfrac{1}{3}\times\left(\dfrac{1}{2}\times12\times12\right)\times6=144$である。
よって，求める体積は，$144\times2=288$

2　(1)　300gの食塩水Aと100gの食塩水Bを混ぜると，5％の食塩水Cが300＋100＝400（g）できるから，食塩水Cに含まれる食塩の量について，$300\times\dfrac{a}{100}+100\times\dfrac{b}{100}=400\times\dfrac{5}{100}$が成り立つ。これを整理して，$3a+b=20\cdots\text{⑦}$とする。また，100gの食塩水Aと700gの食塩水Bと200gの水を混ぜると，8％の食塩水Dが100＋700＋200＝1000（g）できるから，食塩水Dに含まれる食塩の量について，$100\times\dfrac{a}{100}+700\times\dfrac{b}{100}=1000\times\dfrac{8}{100}$が成り立つ。これを整理して，$a+7b=80\cdots\text{⑦}$とする。⑦と⑦を連立方程式として解くと，$a=3$，$b=11$

(2)　混ぜ合わせる食塩水Aの質量をxg，食塩水Bの質量をygとして，x：yを求める。このとき，6％の食塩水は$(x+y)$gできるから，できる6％の食塩水に含まれる食塩の量について，$\dfrac{3}{100}x+\dfrac{11}{100}y=\dfrac{6}{100}(x+y)$が成り立つ。これを整理すると，$3x=5y$となるから，$x$：$y$＝5：3とわかるので，求める比は5：3である。
なお，右の天びん図で考えると，混ぜ合わせる質量の比は天びんの腕の長さの逆比に等しいから，x：$y=\dfrac{1}{\text{ア}}:\dfrac{1}{\text{イ}}=$イ：ア＝(11－6)：(6－3)＝5：3となる。

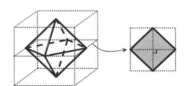

3　(1)　正六角形は6個の合同な正三角形に分けられるから，正六角形ABCDEFを1辺が6の正三角形6個に分けて面積を調べる。正三角形の1辺の長さと高さの比は2：$\sqrt{3}$だから，1辺が6の正三角形の高さは$6\times\dfrac{\sqrt{3}}{2}=3\sqrt{3}$である。したがって，1辺が6の正三角形の面積は$\dfrac{1}{2}\times6\times3\sqrt{3}=9\sqrt{3}$だから，正六角形ABCDEFの面積は，$9\sqrt{3}\times6=54\sqrt{3}$

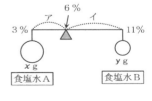

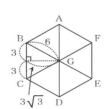

(2) 正六角錐Ｏ－ＰＱＲＳＴＵと正六角錐Ｏ－ＡＢＣＤＥＦは相似であり，相似比は１：２

である。したがって，体積比は$1^3：2^3＝1：8$だから，正六角錐Ｏ－ＡＢＣＤＥＦの体積

は，$\dfrac{27\sqrt{6}}{2}×8＝108\sqrt{6}$

(3) 右のように作図でき，ＯＧは正六角錐Ｏ－ＡＢＣＤＥＦの高さにあたる。(1)と(2)か

ら，正六角錐Ｏ－ＡＢＣＤＥＦの体積について，$\dfrac{1}{3}×54\sqrt{3}×ＯＧ＝108\sqrt{6}$が成り立つ

ので，これを解くと，$ＯＧ＝6\sqrt{2}$となる。

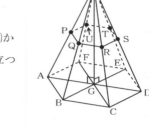

(1)の解説からＡＧ＝６とわかるので，△ＯＡＧで三平方の定理を用いると，

$ＯＡ＝\sqrt{ＡＧ^2＋ＯＧ^2}＝6\sqrt{3}$

4 (1) 放物線$y＝ax^2$は点$(3，12)$を通るから，$12＝a×3^2$が成り立つ。これを解くと，$a＝\dfrac{4}{3}$

(2) 四角形ＡＢＤＣは長方形であり，直線$y＝2x－2$は右上がりの直線だから，

右の図の直角三角形ＢＥＦの面積が３になるときを考える。

Ｅは直線$y＝2x－2$とx軸の交点だから，$0＝2x－2$を解くと$x＝1$となるので，

$Ｅ(1，0)$であり，$ＥＢ＝t－1$である。また，Ｆは直線$y＝2x－2$上の点でx座

標がtだから，$Ｆ(t，2t－2)$と表すことができ，$ＦＢ＝2t－2$である。

したがって，△ＢＥＦの面積について，$\dfrac{1}{2}×(t－1)×(2t－2)＝3$が成り立つ。

これを解くと$t＝1±\sqrt{3}$となり，$t＞1$だから，条件にあうのは$t＝1＋\sqrt{3}$である。

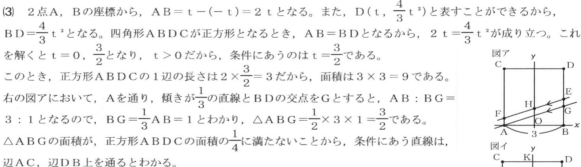

(3) ２点Ａ，Ｂの座標から，$ＡＢ＝t－(－t)＝2t$となる。また，$Ｄ\left(t，\dfrac{4}{3}t^2\right)$と表すことができるから，

$ＢＤ＝\dfrac{4}{3}t^2$となる。四角形ＡＢＤＣが正方形となるとき，ＡＢ＝ＢＤとなるから，$2t＝\dfrac{4}{3}t^2$が成り立つ。これ

を解くと$t＝0，\dfrac{3}{2}$となり，$t＞0$だから，条件にあうのは$t＝\dfrac{3}{2}$である。

このとき，正方形ＡＢＤＣの１辺の長さは$2×\dfrac{3}{2}＝3$だから，面積は$3×3＝9$である。

右の図アにおいて，Ａを通り，傾きが$\dfrac{1}{3}$の直線とＢＤの交点をＧとすると，$ＡＢ：ＢＧ＝$

３：１となるので，$ＢＧ＝\dfrac{1}{3}ＡＢ＝1$とわかり，$△ＡＢＧ＝\dfrac{1}{2}×3×1＝\dfrac{3}{2}$である。

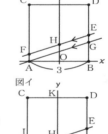

図ア

△ＡＢＧの面積が，正方形ＡＢＤＣの面積の$\dfrac{1}{4}$に満たないことから，条件にあう直線は，

辺ＡＣ，辺ＤＢ上を通るとわかる。

次に，図イのように点Ｈを通りx軸に平行な直線を引くと，台形ＡＢＥＦと長方形ＡＢＩＪの

面積が等しくなるため，点Ｈを通る長方形の面積が正方形ＡＢＤＣの面積の$\dfrac{1}{4}$になる場合を考

える。図イにおいて，ＯＨ：ＯＫ＝１：４となればよいから，ＯＫ＝３より，

$ＯＨ＝\dfrac{1}{4}ＯＫ＝\dfrac{3}{4}$　　したがって，$b＝\dfrac{3}{4}$

また，図ウにおいて，ＯＨ：ＯＫ＝３：４となってもよいから，$ＯＨ＝\dfrac{3}{4}ＯＫ＝\dfrac{9}{4}$

したがって，$b＝\dfrac{9}{4}$

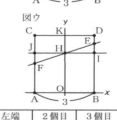

図イ

図ウ

5 (1) ルールにしたがって，$n＝5$のときの左端と２個目に並ぶボールの番号の組み合

わせは，右の表のようになる。よって，全部で９通りある。

(2) $n＝5$のときの３個のボールの並べ方は右の表のようになる。このとき，

２個目の①に対する３個目は①～⑤の５通り，２個目の②～⑤に対する３個目は

①の１通りあるから，全部で$5×5＋4×1＝29$(通り)ある。

(左端，２個目，３個目)で表すと，①を１つだけ含むものは

(②，①，②)～(②，①，⑤)の４個，(③，①，②)～(③，①，⑤)の４個，(④，①，②)～(④，①，⑤)の４個，

左端	２個目	３個目
①	①	①～⑤
	②	①
	③	①
	④	①
	⑤	①
②	①	①～⑤
③	①	①～⑤
④	①	①～⑤
⑤	①	①～⑤

（⑤，①，②）～（⑤，①，⑤）の4個だから，全部で4×4＝16（通り）ある。

また，3個の並べ方は，①を1個だけ含むもの，①を2個だけ含むもの，①を3個含むものの3種類があり，①を1個だけ含むものが16通りで，①を3個含むものは（①，①，①）の1通りあるから，①を2個だけ含むものは29－16－1＝12（通り）ある。

(3) (2)を参考にして考えると，①～ⓝを左端に並べたとき，2個目には①がn個，②～ⓝが（n－1）個並ぶ。2個目に並んだn個の①に対して3個目には①～ⓝのn個が並ぶから，2個目に①が並ぶものはn×n＝n²（個）ある。2個目に並んだ②～ⓝに対して3個目には①だけが並ぶから，2個目に②～ⓝが並ぶものは（n－1）×1＝n－1（個）ある。

左端	2個目	3個目
①	①	①～ⓝ
	②	①
	⋮	①
	⋮	①
	ⓝ	①
②	①	①～ⓝ
⋮	⋮	①～ⓝ
ⓝ	①	①～ⓝ

したがって，n²＋（n－1）＝209が成り立つから，n²＋n－210＝0より，（n＋15）（n－14）＝0　　　n＝－15，14　　　n＞0より，n＝14

6 (1) 接点を通る半径は接線と垂直に交わるから，△OCDは∠ODC＝90°の直角三角形である。△OCDにおいて，OC＝OB＋BC＝13，OD＝5だから，三平方の定理を用いると，CD＝$\sqrt{OC^2-OD^2}$＝12

(2) (1)の解説から△OCDの面積が求められるので，高さが等しい三角形の面積比は底辺の長さの比に等しいことを利用する。△OBDと△OCDの面積比は，OB：OC＝5：13に等しい。△OCD＝$\frac{1}{2}$×5×12＝30だから，求める面積は，△OBD＝$\frac{5}{13}$△OCD＝$\frac{150}{13}$

(3) (1)の解説から∠ODC＝90°なので，∠ODB＋∠BDC＝90°…⑦である。また，ABが直径だから，∠ADB＝90°なので，∠ODB＋∠ODA＝90°…④である。⑦と④において，∠ODBが共通だから，∠BDC＝∠ODAとわかり，求める角の1つは∠ODAとなる。△OADはOA＝ODの二等辺三角形だから，∠OAD＝∠ODAなので，∠OADがもう1つの求める角である。

(4) (3)から，等しい角度に同じ印をつけていくと，右のようになる。この図から，△FCD∽△ECAが成り立つとわかる。CA＝OC＋OA＝18だから，△FCDと△ECAの相似比はCD：CA＝12：18＝2：3とわかり，CF：CE＝2：3となる。よって，求める比は，CF：FE＝2：1(3-2)

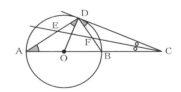

《解答例》

1 (1) $4(x+2y)(x-2y)$　(2) 1, 5　(3) $x=5$　$y=-5$　(4) $12\sqrt{2}$　(5) $2\sqrt{2}+4$

2 (1) 6　(2) 15　(3) 20

3 (1) $y=-\dfrac{4}{3}x+4$　(2) $\left(2, \dfrac{4}{3}\right)$　(3) 64　(4) $(2\sqrt{6}, 8)$

4 (1) $1:6$　(2) $\triangle APQ$〔別解〕$\triangle PCQ$　(3) $1:5$　(4) $11:36$

5 (1) $100x-20y$　(2) $y=\dfrac{4}{3}x$　(3) $\dfrac{110}{13}$

《解　説》

1 (1)　与式 $=4(x^2-4y^2)=4\{x^2-(2y)^2\}=4(x+2y)(x-2y)$

(2)　与式より，$x^2-6x+5=0$　　$(x-1)(x-5)=0$　　$x=1$, 5

(3)　$x-1=A$，$y+3=B$とすると，与式より，$3A+2B=8$…①，$2A-B=10$…②となる。

①＋②×2でBを消去すると，$3A+4A=8+20$となるから，$A=4$

①にA$=4$を代入すると，$3\times4+2B=8$となるから，$B=-2$

よって，$x=A+1=5$，$y=B-3=-5$となる。

(4)　ひもの長さが最小になるように立体に巻きつけたとき，ひもが通る
部分は展開図上で直線となる。このことから，側面のおうぎ形を右のよ
うに作図して，太線部分の長さを求めればよい（B′はBと重なる点）。
円すいの側面のおうぎ形の中心角の大きさは，$360°\times\dfrac{(底面の半径)}{(母線の長さ)}$で求
められるから，$\angle B'AB=360°\times\dfrac{3}{12}=90°$となる。

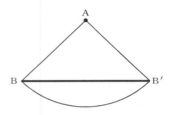

したがって，$\triangle ABB'$はAB$=$AB′の直角二等辺三角形だから，求める長さは，BB′$=\sqrt{2}$AB$=12\sqrt{2}$

(5)　$\triangle CAD$はAC$=$CD$=1$の直角二等辺三角形だから，AD$=\sqrt{2}$AC$=\sqrt{2}$

BD$=$AD$=\sqrt{2}$だから，BC$=$BD$+$CD$=\sqrt{2}+1$

$\triangle ABC$で三平方の定理を用いると，AB$^2=$AC$^2+$BC$^2=1^2+(\sqrt{2}+1)^2=2\sqrt{2}+4$

2 (1)　$x+y$の値は，右の表のようになる。$x+y+z=5$となるのは，$x+y$の値が
$2\leqq x+y\leqq4$の場合であり，$x+y$の値1つに対して条件を満たすzの値は1通
りだから，条件にあう目の出方は，右の表で$2\leqq x+y\leqq4$となるxとyの値の組
の数に等しく，6通りとなる。

		1	2	3	4	5	6
					y		
	1	2	3	4	5	6	7
	2	3	4	5	6	7	8
	3	4	5	6	7	8	9
x	4	5	6	7	8	9	10
	5	6	7	8	9	10	11
	6	7	8	9	10	11	12

(2)　右の表で，$2\leqq x+y\leqq6$となるxとyの値の組の数を調べればよいから，
条件にあう目の出方は，15通りとなる。

(3)　x，yの順に値を決めてから，条件を満たすzの値が何通りあるかを調べる。

y	*z*
2	3, 4, 5, 6
3	4, 5, 6
4	5, 6
5	6

・$x=1$のとき，条件を満たすyの値は2，3，4，5が考えられる。yの値がこれらそ
れぞれの場合に条件を満たすzの値は，右の表から10通りあるとわかる。

・$x=2$のとき，条件を満たすyの値は3，4，5が考えられるから，条件を満たすzの値は，6通りある。

・$x=3$のとき，条件を満たすyの値は4，5が考えられるから，条件を満たすzの値は，3通りある。

・$x=4$のとき，条件を満たすyの値は5が考えられるから，条件を満たすzの値は，1通りある。

・$x=5$，6のときは，条件を満たすzの値がないため，適さない。

以上から，求める出方の数は，$10+6+3+1=20$（通り）

3 (1) 直線ACの式を$y＝ax＋b$とすると，2点A，Cの座標から，$12＝-6a＋b$，$0＝3a＋b$が成り立つとわかる。これらを連立方程式として解くと，$a＝-\dfrac{4}{3}$，$b＝4$となるから，求める直線の式は，$y＝-\dfrac{4}{3}x＋4$

(2) 点Fは放物線$y＝\dfrac{1}{3}x^2$と直線AC：$y＝-\dfrac{4}{3}x＋4$の交点の1つだから，この2式を連立させて，$\dfrac{1}{3}x^2＝-\dfrac{4}{3}x＋4$　　$x^2＋4x-12＝0$　　$(x-2)(x＋6)＝0$　　$x＝2$，-6
-6は点Aのx座標だから，点Fのx座標は2とわかり，y座標は$\dfrac{1}{3}×2^2＝\dfrac{4}{3}$となるため，F$\left(2，\dfrac{4}{3}\right)$

(3) △AEFの底辺をAEとしたときの高さは，2点A，Fのy座標の差に等しく，$12-\dfrac{4}{3}＝\dfrac{32}{3}$である。
AE∥BCだから，点Eは点Aとy軸について対称な点であり，E$(6，12)$となるため，$AE＝6-(-6)＝$
12である。よって，求める面積は，$△AEF＝\dfrac{1}{2}×12×\dfrac{32}{3}＝64$

(4) 平行四辺形ABCDの底辺を$BC＝3-(-12)＝15$としたときの高さは，点Aのy座標の絶対値に等し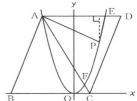
く12だから，$□ABCD＝15×12＝180$である。したがって，$△AEP＝\dfrac{2}{15}□ABCD＝24$である。
P$\left(t，\dfrac{1}{3}t^2\right)$とする（$t＞0$）と，△AEPの底辺をAEとしたときの高さは，
$12-\dfrac{1}{3}t^2$と表せるから，△AEPの面積について，$\dfrac{1}{2}×12×\left(12-\dfrac{1}{3}t^2\right)＝24$
が成り立つ。これを解くと$t＝±2\sqrt{6}$となり，$t＞0$だから，条件にあうの
は$t＝2\sqrt{6}$である。$\dfrac{1}{3}×(2\sqrt{6})^2＝8$だから，求める座標は，P$(2\sqrt{6}，8)$

4 (1) 高さが等しい三角形の面積比は底辺の長さの比に等しいから，
$△APC：△ABC＝AP：AB＝1：\overset{1+2}{3}$となるため，$△APC＝\dfrac{1}{3}△ABC$
同様に，$△APQ：△APC＝AQ：AC＝1：\overset{1+1}{2}$となるため，$△APQ＝\dfrac{1}{2}△APC＝\dfrac{1}{6}△ABC$
よって，求める比は，$△APQ：△ABC＝1：6$

(2) △ASQと△四角形PBRSの面積が等しいことに注目する。△ABRは，四角形PBRSに△APS
を加えた図形だから，△ASQに△APSを加えた，△APQと面積が等しいとわかる。
また，$AQ＝QC$だから，$△APQ＝△PCQ$となるため，△PCQでも正答となる。

(3) (1)と(2)から，$△ABR：△ABC＝△APQ：△ABC＝1：6$とわかる。(1)の解説から，
$BR：BC＝△ABR：△ABC＝1：6$となるため，求める比は，$BR：RC＝1：\overset{6-1}{5}$

(4) △PQRは，△ABCから$\underline{△APQ}$と$\underline{△BRP}$と$\underline{△CQR}$を除いた図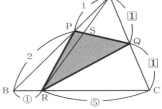
形だから，下線をつけた3つの三角形の面積が，それぞれ△ABCの面積
の何倍かを調べる。このうち△APQは，(1)の解説から，
$△APQ＝\dfrac{1}{6}△ABC$とわかる。(1)の解説と同様に考えると，
(2)から，$△BRP＝△ABR×\dfrac{PB}{AB}＝\dfrac{1}{6}△ABC×\dfrac{2}{3}＝\dfrac{1}{9}△ABC$
また，$△CQR＝△QBC×\dfrac{RC}{BC}＝\left(△ABC×\dfrac{QC}{AC}\right)×\dfrac{5}{6}＝△ABC×\dfrac{1}{2}×\dfrac{5}{6}＝\dfrac{5}{12}△ABC$
したがって，$△PQR＝△ABC-△APQ-△BRP-△CQR＝\dfrac{11}{36}△ABC$となるから，求める比は，
$△PQR：△ABC＝11：36$

5 (1) 5本の給水管から1分間に$5x$ Lの水が入るから，20分間で水槽に入った水の量は，合計で$5x×20＝$
$100x$（L）である。このうちの$20y$ Lが排水管から流れ出たから，水槽の容積は$(100x-20y)$ Lと表せる。

(2) 8本の給水管から同時に水を入れると11分で満水になったから，(1)の解説と同様に考えれば，水槽の
容積は$8x×11-11y＝88x-11y$（L）と表せる。したがって，$100x-20y＝88x-11y$だから，これをyについ

て解くと，$y=\dfrac{4}{3}x$ となる。

(3) (2)から，水槽の容積は，$100x-20\times\dfrac{4}{3}x=\dfrac{220}{3}x$（L）と表せるとわかる。また，10本の給水管を使うと，1分間に $10x$ L の水が入り，$\dfrac{4}{3}x$ L の水が流れ出るから，1分ごとに $10x-\dfrac{4}{3}x=\dfrac{26}{3}x$（L）の水が水槽に貯まる。よって，求める時間は，$\dfrac{220}{3}x\div\dfrac{26}{3}x=\dfrac{110}{13}$（分）

=《解答例》=

1 (1) $2\sqrt{10}$　(2) $(x+y+3)(x+y-1)$　(3) $x=2\pm2\sqrt{3}$　(4) 27　(5) 12　(6) (7, 4)(17, 16)

2 (1) 12　(2) 48

3 (1) $2\sqrt{3}$　(2) 75　(3) $\dfrac{\sqrt{3}}{8}$　(4) $3+2\sqrt{3}$

4 (1) 16　(2) A(−6, 9) B(4, 4)　(3) (0, 8)　(4) (−13, 16)

5 (1) $2\sqrt{3}$　(2) $\dfrac{4\sqrt{3}}{3}$　(3) $\dfrac{2\sqrt{42}}{7}$

=《解　説》=

1 (1)　与式 $=2\sqrt{10}-5+4-\sqrt{10}+\dfrac{(\sqrt{5}+5\sqrt{2})\times\sqrt{5}}{\sqrt{5}\times\sqrt{5}}=\sqrt{10}-1+\dfrac{5+5\sqrt{10}}{5}=\sqrt{10}-1+1+\sqrt{10}=2\sqrt{10}$

(2)　与式 $=(x+y)^2+2(x+y)-3$ であり，$x+y=$A とおくと，$A^2+2A-3=(A+3)(A-1)$

A を元にもどして，$(x+y+3)(x+y-1)$

(3)　与式の両辺に 8 をかけて，$x^2-4x-8=0$　　$x^2-4x+4=12$

$(x-2)^2=12$　　$x-2=\pm2\sqrt{3}$　　$x=2\pm2\sqrt{3}$

(4)　△ACD は AC＝AD の二等辺三角形だから，∠ACD＝$(180-42)\div2=69$(°)

円周角の大きさは弧の長さに比例するから，$\overset{\frown}{DE}=\overset{\frown}{CD}$ より，∠DCE＝∠CAD＝42°

よって，∠ACE＝∠ACD−∠DCE＝27(°)

(5)　正六角形は右図のように円に内接し，AD，BE，CF は円の直径となるから，

直角三角形ができるのは，1 辺が AD か BE か CF のときである。

したがって，斜辺は AD か BE か CF の 3 通りであり，その 1 通りに対してもう

1 つの頂点は 4 通りずつあるから，直角三角形は全部で，$3\times4=12$(個)できる。

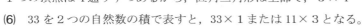

(6)　33 を 2 つの自然数の積で表すと，33×1 または 11×3 となる。

$(a+b)(a-b)=33\times1$ のとき，(a, b)＝(17, 16)

$(a+b)(a-b)=11\times3$ のとき，(a, b)＝(7, 4)

2 (1)　はじめに箱 A に入っていた赤玉の個数を $3x$ 個，白玉の個数を $4x$ 個とすると，$(3x-4):4x=1:2$

$4x=6x-8$　　$x=4$

よって，求める個数は，$3\times4=12$(個)

(2)　はじめに入っていた個数について，箱 B は赤玉 $3a$ 個，白玉 $5a$ 個，箱 C は赤玉 $3b$ 個，白玉 $2b$ 個とする。

赤玉を移したあとの個数の比より，$(3a-6):(3b+6)=7:5$

$21b+42=15a-30$　　$5a-7b=24\cdots$①

白玉を移したあとの個数の比より，$(5a+10):(2b-10)=15:1$

$30b-150=5a+10$　　$a=6b-32\cdots$②

①に②を代入して解くと，$b=8$ になる。

よって，$a=6\times8-32=16$ だから，求める個数は，$3\times16=48$(個)

3 (1) 平行四辺形の性質より，∠ＣＤＥ＝∠ＡＢＣ＝60° だから，

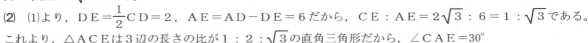

△ＣＤＥは３辺の長さの比が１：２：$\sqrt{3}$ の直角三角形となる。

ＣＤ＝ＢＡ＝４より，ＣＥ＝$\dfrac{\sqrt{3}}{2}$ＣＤ＝$2\sqrt{3}$ だから，

円の半径は $2\sqrt{3}$ である。

(2) (1)より，ＤＥ＝$\dfrac{1}{2}$ＣＤ＝２，ＡＥ＝ＡＤ－ＤＥ＝６だから，ＣＥ：ＡＥ＝$2\sqrt{3}$：６＝１：$\sqrt{3}$ である。

これより，△ＡＣＥは３辺の長さの比が１：２：$\sqrt{3}$ の直角三角形だから，∠ＣＡＥ＝30°

ＡＤ／／ＢＣで，平行線の錯角は等しいから，∠ＢＣＡ＝∠ＤＡＣ＝30°

したがって，∠ＦＣＧ＝30° で，△ＣＦＧはＣＦ＝ＣＧの二等辺三角形だから，

∠ＦＧＣ＝(180－30)÷2＝75(°)

(3) 点ＦからＧＣに垂線ＦＩを引くと，△ＣＦＩは３辺の長さの比が

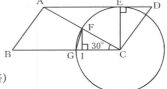

１：２：$\sqrt{3}$ の直角三角形となるから，ＦＩ＝$\dfrac{1}{2}$ＣＦ＝$\dfrac{1}{2}×2\sqrt{3}$＝$\sqrt{3}$

これより，△ＣＦＧ＝$\dfrac{1}{2}×$ＣＧ×ＦＩ＝３

△ＡＢＣ＝$\dfrac{1}{2}×$ＢＣ×ＥＣ＝$8\sqrt{3}$　よって，求める割合は，$\dfrac{3}{8\sqrt{3}}＝\dfrac{\sqrt{3}}{8}$(倍)

(4) 点ＥからＤＨに垂線ＥＪを引くと，△ＥＤＪは３辺の長さの比が

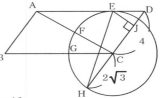

１：２：$\sqrt{3}$ の直角三角形となるから，ＥＪ＝$\dfrac{\sqrt{3}}{2}$ＤＥ＝$\dfrac{\sqrt{3}}{2}×2$＝$\sqrt{3}$

△ＤＥＨ＝$\dfrac{1}{2}×$ＤＨ×ＥＪ＝$\dfrac{1}{2}×(2\sqrt{3}＋4)×\sqrt{3}$＝$3＋2\sqrt{3}$

4 (1) ＣＤはy軸によって２等分されるから，点Ｄのx座標は16÷2＝8

である。Ｄ(8，k)より，$y＝\dfrac{1}{4}x^2$に$x＝8$，$y＝k$を代入すると，$k＝\dfrac{1}{4}×8^2＝16$

(2) $y＝\dfrac{1}{4}x^2$と$y＝－\dfrac{1}{2}x＋6$を連立させて解くと，$\dfrac{1}{4}x^2＝－\dfrac{1}{2}x＋6$

$x^2＋2x－24＝0$　　$(x＋6)(x－4)＝0$　　$x＝－6$，４

$y＝\dfrac{1}{4}x^2$に$x＝－6$を代入すると$y＝9$に，$y＝\dfrac{1}{4}x^2$に$x＝4$を代入すると$y＝4$になるから，

Ａ(-6，９)，Ｂ(４，４)

(3) y軸は線分ＣＤの垂直二等分線だから，y軸上の点Ｐについて，常にＰＤ＝ＰＣとなる。

したがって，ＢＰ＋ＰＤ＝ＢＰ＋ＰＣの長さが最小になるのは，Ｂ，Ｐ，Ｃが一直線上に並ぶときである。

Ｂ(４，４)，Ｃ(-8，16)より，直線ＢＣの式を求めると，$y＝－x＋8$であり，点Ｐは直線ＢＣのy軸上の

切片だから，点Ｐの座標は，Ｐ(０，８)

(4) 点Ｑのx座標が負のとき，四角形ＡＢＤＣと△ＢＤＱは

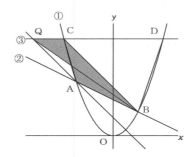

△ＢＤＣを共有する。

したがって，△ＢＣＡと△ＢＣＱの面積が等しいから，点Ａを通り，

直線ＢＣに平行な直線と直線③との交点が点Ｑである。

(3)の解説より，直線ＢＣの傾きは-1である。

直線ＡＱの式を$y＝－x＋$bとし，点Ａの座標より，$x＝－6$，$y＝9$

を代入するとb＝３となる。

したがって，$y＝－x＋3$と$y＝16$を連立させて解くと，$x＝－13$，$y＝16$ となるから，Ｑ(-13，16)である。

5 (1)　△ＡＤＣはＤＡ＝ＤＣの二等辺三角形だから，∠ＣＭＤ＝90°となる。

三平方の定理より，ＭＤ＝$\sqrt{\mathrm{CD}^2-\mathrm{CM}^2}=2\sqrt{2}$

△ＡＤＣ≡△ＡＢＣだから，ＢＭ＝ＤＭ＝$2\sqrt{2}$

したがって，△ＢＭＤは１辺の長さが$2\sqrt{2}$の正三角形である。

正三角形の１辺の長さと高さの比は$1:\dfrac{\sqrt{3}}{2}$だから，

△ＢＭＤ＝$\dfrac{1}{2}\times 2\sqrt{2}\times\left(2\sqrt{2}\times\dfrac{\sqrt{3}}{2}\right)=2\sqrt{3}$

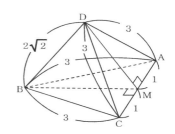

(2)　(1)の解説の図において，△ＢＭＤはＡＣと垂直に交わっているから，△ＢＭＤを底面とする高さがＡＭの三角錐と，△ＢＭＤを底面とする高さがＣＭの三角錐の体積の和を求めればよい。

この２つの三角錐は合同だから，求める体積は，$\left(\dfrac{1}{3}\times 2\sqrt{3}\times 1\right)\times 2=\dfrac{4\sqrt{3}}{3}$

(3)　△ＢＣＤを底面としたときの，四面体ＡＢＣＤの高さを求めればよい。△ＢＣＤはＣＢ＝ＣＤの二等辺三角形だから，右図のように作図でき，三平方の定理より，ＣＮ＝$\sqrt{\mathrm{CD}^2-\mathrm{DN}^2}=\sqrt{7}$

したがって，△ＢＣＤ＝$\dfrac{1}{2}\times\mathrm{BD}\times\mathrm{CN}=\sqrt{14}$

求める長さをhとし，四面体ＡＢＣＤの体積について方程式を立てて解くと，

$\dfrac{1}{3}\times\sqrt{14}\times\mathrm{h}=\dfrac{4\sqrt{3}}{3}$　　　$\mathrm{h}=\dfrac{2\sqrt{42}}{7}$

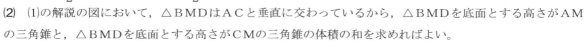

平成 ㉖ 年度 解答例・解説

《解答例》

1 (1)$-\dfrac{3}{4}xy^3$　(2)$\dfrac{x-5}{12}$　(3)$y=12$　(4)$a=\dfrac{3}{2}$　(5)6　(6)$1+\dfrac{2\sqrt{3}}{3}$

2 (1)$2000+20x$　(2)$2000-\dfrac{x^2}{5}$　(3)$x=5$

3 (1)$\dfrac{3}{2}$　(2)△AOC〔別解〕△COB，△BOA，△POQ　(3)2　(4)$\dfrac{3\sqrt{55}}{16}$　(5)9：7

4 (1)$a=\dfrac{1}{2}$　(2)A$(-2，2)$　B$(4，8)$　(3)12　(4)$1\pm\sqrt{5}$

5 (1)6　(2)4　(3)42

《解　説》

1 (1)　与式$=\dfrac{2}{3}xy^2\div\dfrac{16}{9}x^2y^2\times(-2x^2y^3)=\dfrac{2}{3}xy^2\times\dfrac{9}{16x^2y^2}\times(-2x^2y^3)=-\dfrac{2xy^2\times9\times2x^2y^3}{3\times16x^2y^2}=-\dfrac{3}{4}xy^3$

(2)　与式$=\dfrac{-4(2x-1)}{12}+\dfrac{12(x-2)}{12}+\dfrac{-3(x-5)}{12}=\dfrac{-8x+4+12x-24-3x+15}{12}=\dfrac{x-5}{12}$

(3)　$y-3=a(x+2)$とおいて，$x=3$，$y=8$を代入すると，$8-3=a(3+2)$　$5a=5$より，

$a=1$　$y-3=x+2$より，$y=x+5$　$y=x+5$に$x=7$を代入すると，$y=7+5=12$

(4)　連立方程式の解は2直線の交点の座標でもあるのだから，連立方程式が解を持たないということは，2直線が交点を持たないということである。$3x+2y=4$より，$y=-\dfrac{3}{2}x+2$　$ax+y=3$より，$y=-ax+3$　2直線の切片が異なることから，2直線が一致することはなく，交点を持たないのは平行なときだけとわかる。よって，$-a=-\dfrac{3}{2}$より，$a=\dfrac{3}{2}$

(5)　点Qが，B→C→D→Aと動くとき，PQの中点は右図のようにE→F→G→Hと動く。△PBCにおいて，中点連結定理より，EF$=\dfrac{1}{2}$BC$=2$，同様に，FG$=\dfrac{1}{2}$CD$=2$，GH$=\dfrac{1}{2}$DA$=2$だから，求める長さは，EF＋FG＋GH$=6$

(6)　3つの小さい円の中心をA，B，Cとし，大きい円の中心をOとする。右図のように作図し，記号を追加すると，求める長さはOEにあたる。△ABCは正三角形であり，△OADは30°，60°，90°の直角三角形になることから，OD：OA：AD$=1：2：\sqrt{3}$とわかる。AD$=1$だから，OA$=\dfrac{2}{\sqrt{3}}$AD$=\dfrac{2\sqrt{3}}{3}$よって，求める長さは，OE$=$AE$+$OA$=1+\dfrac{2\sqrt{3}}{3}$

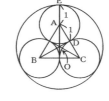

2 (1)　利益は$2000\times\dfrac{x}{100}=20x$(円)を見込んだのだから，定価は$(2000+20x)$円である。

(2)　定価のx%引きは，$(2000+20x)\times\left(1-\dfrac{x}{100}\right)=2000-\dfrac{x^2}{5}$(円)

(3)　定価で売ると1個あたり$20x$円の利益があり，定価のx%引きで売ると1個あたり$\dfrac{x^2}{5}$円の利益が失われることがわかるから，利益の合計についての式を立てると，$20x\times30-\dfrac{x^2}{5}\times(50-30)=2900$

整理すると，$x^2-150x+725=0$　$(x-145)(x-5)=0$

$x=145，5$であるが$0\leqq x\leqq100$より，$x=5$

3 (1)　△OPQ∽△OAB(証明略)だから，対応する辺の長さの比は等しく，PQ：AB$=$OP：OA$=3：4$より，PQ$=\dfrac{3}{4}$AB$=\dfrac{3}{2}$

(2)　△ACPと△AOCにおいて，∠CAP$=$∠OAC(共通)…①

CA：OA$=2：4=1：2$，AP：AC$=(4-3)：2=1：2$だから，CA：OA$=$AP：AC…②

①・②より，2組の辺の比とその間の角がそれぞれ等しいから，△ACP∽△AOC

△AOC以外に，△AOCと合同な△BOA，△COB，さらにこれらの三角形と相似な△POQでもよい。

(3) (2)より，△ACP∽△AOCで，△AOCがOC＝OAの二等辺三角形だから，△ACPもCP＝CA＝2の二等辺三角形である。

(4) △CPQはCQ＝CP＝2，$PQ=\dfrac{3}{2}$の二等辺三角形である。PQの中点をMとし，CとMを結ぶと，CM⊥PQ，$PM=\dfrac{1}{2}PQ=\dfrac{3}{4}$となることから，直角三角形CPMにおいて，三平方の定理により，$CM=\sqrt{CP^2-PM^2}=\sqrt{2^2-(\dfrac{3}{4})^2}=\dfrac{\sqrt{55}}{4}$　よって，$\triangle CPQ=\dfrac{1}{2}\times\dfrac{3}{2}\times\dfrac{\sqrt{55}}{4}=\dfrac{3\sqrt{55}}{16}$

(5) 立体アと立体イは，底面をそれぞれ△OPQ，四角形PABQとしたときの高さが等しい角錐だから，体積比は底面積の比に等しい。△OPQと△OABの相似比が3：4だから，△OPQと△OABの面積比は3^2：4^2＝9：16で，△OPQと四角形PABQの面積比は9：（16－9）＝9：7である。よって，求める体積比は9：7である。

4 (1) 放物線は点Aを通るから，$y=ax^2$に$x=-4$，$y=8$を代入すると，$8=a\times(-4)^2$より，$a=\dfrac{1}{2}$

(2) 2点A，Bは放物線$y=\dfrac{1}{2}x^2$と直線$y=x+4$の交点だから，2つの式を連立させて，$\dfrac{1}{2}x^2=x+4$より，$x^2-2x-8=0$　$(x+2)(x-4)=0$より，$x=-2$，4

$y=x+4$に$x=-2$を代入すると，$y=-2+4=2$より，A(－2，2)

$y=x+4$に$x=4$を代入すると，$y=4+4=8$より，B(4，8)

(3) 直線ABとy軸との交点をCとすると，C(0，4)より，OC＝4

△OACは，底辺をOCとしたときの高さが点Aのx座標の絶対値に等しく2だから，$\triangle OAC=\dfrac{1}{2}\times4\times2=4$

△OBCについても同様にして，$\triangle OBC=\dfrac{1}{2}\times4\times4=8$

よって，△OAB＝△OAC＋△OBC＝4＋8＝12

(4) (3)の点Cをそのまま利用する。線分OC上に$CQ=\dfrac{1}{2}OC=2$となる点Qをとると，Q(0，2)であり，$\triangle QAB=\dfrac{1}{2}\triangle OAB$である。点Qを通り直線ABに平行な直線を引き，放物線との交点をPとすれば，$\triangle PAB=\triangle QAB=\dfrac{1}{2}\triangle OAB$となる。点Qを通り直線ABに平行な直線は$y=x+2$だから，$y=\dfrac{1}{2}x^2$と$y=x+2$の連立方程式を解くと，$x=1\pm\sqrt{5}$となり，これは条件に合う。

5 (1) A→B→C→G，A→B→F→G，A→D→C→G，A→D→H→G，A→E→F→G，A→E→H→Gの6通り。　　(2) C→B→F→G，C→B→C→G，C→D→H→G，C→D→C→Gの4通り。

(3) 4回の移動で頂点C，F，Hに到達していれば，5回目の移動で頂点Gに到達する。

まず，頂点Aから4回の移動で頂点Cに到達する場合を考える。

頂点Aから最初に頂点Bに移動する行き方は，A→B→A→B→C，A→B→A→D→C，A→B→C→B→C，A→B→C→D→C，A→B→F→B→C，の5通りあるから，頂点Aから最初に頂点Dに移動する行き方も5通りある。頂点Aから最初に頂点Eに移動する行き方は，A→E→A→B→C，A→E→A→D→C，A→E→F→B→C，A→E→H→D→Cの4通りあるから，頂点Aから4回の移動で頂点Cに到達する場合の行き方は5＋5＋4＝14（通り）ある。頂点Aから4回の移動で頂点F，Hに到達する場合の行き方も14通りずつあるから，全部で14×3＝42（通り）ある。

《解答例》

1 (1) $8\sqrt{2}$　(2) $\dfrac{x}{4}$　(3) a $=26$　b $=14$

2 (1) a $=1$　p $=1$　q $=2$　(2) $y=x+2$　(3) $\left(\dfrac{3}{2}, \dfrac{9}{4}\right)$　(4) $\dfrac{25}{8}$

3 (1) $\dfrac{1}{12}$　(2) $\dfrac{5}{9}$　(3) $\dfrac{1}{3}$

4 (1) 75　(2) $2\sqrt{3}-2$　(3) $\sqrt{3}-1$　(4) $2-\sqrt{3}$

5 (1) $\dfrac{12}{5}$　(2) $\dfrac{3}{2}$　(3) $\dfrac{12}{5}\pi$

6 (1) 20　(2) (i) $2x+y=2500$〔別解〕$\dfrac{10}{100}x+\dfrac{5}{100}y=125$, $0.1x+0.05y=125$　(ii) 1100

《解　説》

1 (1) 与式 $=\dfrac{\{(5+2\sqrt{6})+(5-2\sqrt{6})\}\{(5+2\sqrt{6})-(5-2\sqrt{6})\}}{5\sqrt{3}}=\dfrac{10\times4\sqrt{6}}{5\sqrt{3}}=8\sqrt{2}$

(2) 含まれる食塩の量は $y\times\dfrac{x}{100}=\dfrac{xy}{100}$(g)だから, 求める濃度は, $\dfrac{xy}{100}\div(y+3y)\times100=\dfrac{x}{4}$(%)

(3) 2の倍数は, 因数として2を少なくとも1個は含み, それらのうち, $2^2=4$の倍数は少なくとも2個, $2^3=8$の倍数は少なくとも3個, $2^4=16$の倍数は少なくとも4個, 因数として2を含む。

1〜30の整数の中に, $30\div2=15$より, 2の倍数は15個, $30\div4=7$余り2より, 4の倍数は7個, $30\div8=3$余り6より, 8の倍数は3個, $30\div16=1$余り14より, 16の倍数は1個ある。

したがって, 因数として2は全部で $15+7+3+1=26$(個)含まれるから, a $=26$

同様に, 3の倍数, $3^2=9$の倍数, $3^3=27$の倍数について考える。

1〜30の整数の中に, $30\div3=10$より, 3の倍数は10個, $30\div9=3$余り3より, 9の倍数は3個, $30\div27=1$余り3より, 27の倍数は1個ある。したがって, b $=10+3+1=14$

2 (1) $y=ax^2$は点Bを通るから, $y=ax^2$に $x=-\dfrac{1}{2}$, $y=\dfrac{1}{4}$を代入すると, $\dfrac{1}{4}=a\times\left(-\dfrac{1}{2}\right)^2$より, a $=1$

点Aは $y=x^2$上の点だから, $y=x^2$に $x=-1$, $y=p$を代入すると, p $=(-1)^2$より, p $=1$

点Cについても同様に, $y=x^2$に $x=q$, $y=4$を代入すると, $4=q^2$より, $q>0$だから, q $=2$

(2) 直線ACの傾きは $\dfrac{4-1}{2-(-1)}=1$だから, 直線ACの式を $y=x+m$とおき, 点Cの座標より, $x=2$, $y=4$を代入すると, $4=2+m$　$m=2$　よって, 求める式は, $y=x+2$

(3) AC∥BDより, 直線ACと直線BDの傾きは等しいから, 直線BDの式を $y=x+n$とおき, 点Bの座標より, $x=-\dfrac{1}{2}$, $y=\dfrac{1}{4}$を代入すると, $\dfrac{1}{4}=-\dfrac{1}{2}+n$　$n=\dfrac{3}{4}$

$y=x^2$と $y=x+\dfrac{3}{4}$を連立方程式として解くと, $x^2=x+\dfrac{3}{4}$　$x^2-x-\dfrac{3}{4}=0$　$4x^2-4x-3=0$

二次方程式の解の公式より, $x=\dfrac{-(-4)\pm\sqrt{(-4)^2-4\times4\times(-3)}}{2\times4}=\dfrac{4\pm8}{8}$

$x=\dfrac{4-8}{8}$より, $x=-\dfrac{1}{2}$, $x=\dfrac{4+8}{8}$より, $x=\dfrac{3}{2}$

したがって, 点Dの x座標は, $\dfrac{3}{2}$

点Dは$y=x^2$上の点だから，$y=x^2$に$x=\dfrac{3}{2}$を代入すると，$y=(\dfrac{3}{2})^2=\dfrac{9}{4}$より，D$(\dfrac{3}{2}, \dfrac{9}{4})$

(4) 点Aと点Cのx座標の差は$2-(-1)=3$，y座標の差は$4-1=3$だから，

線分ACは直角をはさむ2辺の長さがともに3の直角二等辺三角形の斜辺と

考えることができるため，AC$=3\sqrt{2}$

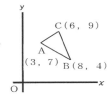

同様に考えると，点Bと点Dのx座標の差は$\dfrac{3}{2}-(-\dfrac{1}{2})=2$，$y$座標の差は

$\dfrac{9}{4}-\dfrac{1}{4}=2$だから，BD$=2\sqrt{2}$

直線ACとy軸との交点をEとし，点Eから直線BDに垂線EFを，点Fからy軸に垂線FGをひく。

傾きが1の直線と垂直に交わる直線の傾きは-1だから，直線EFの式は$y=-x+2$である。

直線BDと直線EFの式を連立方程式として解いて，点Fの座標を求めると，F$(\dfrac{5}{8}, \dfrac{11}{8})$

これより，G$(0, \dfrac{11}{8})$

したがって，FGの長さは点Fのx座標に等しく，$\dfrac{5}{8}$で，EG$=2-\dfrac{11}{8}=\dfrac{5}{8}$だから，

△EFGはEG$=$FGの直角二等辺三角形となるため，EF$=\sqrt{2}$EG$=\dfrac{5}{8}\sqrt{2}$

よって，台形ABDCの面積は，$\dfrac{1}{2}\times(AC+BD)\times EF=\dfrac{25}{8}$

3 (1) 2つのサイコロの目の出方は，$6\times6=36$(通り)

座標平面上の原点を$O(0, 0)$とすると，直線OBの傾きは$\dfrac{4}{8}=\dfrac{1}{2}$である。

$\dfrac{q}{p}$が$\dfrac{1}{2}$になるような(p, q)の組み合わせは，$(2, 1)(4, 2)(6, 3)$の3通りある。

よって，求める確率は，$\dfrac{3}{36}=\dfrac{1}{12}$

(2) 直線OCの傾きは$\dfrac{9}{6}=\dfrac{3}{2}$である。

つまり，直線ℓが辺BCと交わるのは，$\dfrac{1}{2}\leqq\dfrac{q}{p}\leqq\dfrac{3}{2}$のときである。

条件にあう(p, q)の組み合わせは，$(1, 1)(2, 1)(2, 2)(2, 3)(3, 2)(3, 3)(3, 4)(4, 2)$

$(4, 3)(4, 4)(4, 5)(4, 6)(5, 3)(5, 4)(5, 5)(5, 6)(6, 3)(6, 4)(6, 5)(6, 6)$の

20通りある。よって，求める確率は，$\dfrac{20}{36}=\dfrac{5}{9}$

(3) 直線OAの傾きは$\dfrac{7}{3}$である。

つまり，直線ℓが△ABCの周および内部と交わらないのは，$\dfrac{q}{p}<\dfrac{1}{2}$，または$\dfrac{q}{p}>\dfrac{7}{3}$のときである。

$\dfrac{q}{p}<\dfrac{1}{2}$となる$(p, q)$の組み合わせは，$(3, 1)(4, 1)(5, 1)(5, 2)(6, 1)(6, 2)$の6通りある。

$\dfrac{q}{p}>\dfrac{7}{3}$となる$(p, q)$の組み合わせは，$(1, 3)(1, 4)(1, 5)(1, 6)(2, 5)(2, 6)$の6通りある。

したがって，条件を満たす場合は$6+6=12$(通り)あるから，求める確率は，$\dfrac{12}{36}=\dfrac{1}{3}$

4 (1) △ABCはAB$=$ACの直角二等辺三角形だから，$\angle$ACB$=45°$

△CBDは二等辺三角形だから，$\angle$CDB$=(180-120)\div2=30(°)$

$\angle$DCE$=\angle$BCD$-\angle$ACB$=75(°)$だから，△DCEの内角の和より，

$\angle$DEC$=180-\angle$CDE$-\angle$DCE$=75(°)$

(2) 右図のように補助線をひき，記号をおく。

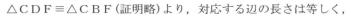

∠CDF＝30°，∠CFD＝90°より，△CDFはCF：CD：DF＝1：2：$\sqrt{3}$

の直角三角形だから，DF＝$\frac{\sqrt{3}}{2}$CD＝$\sqrt{3}$

△CDF≡△CBF（証明略）より，対応する辺の長さは等しく，

BF＝DF＝$\sqrt{3}$だから，BD＝$\sqrt{3}$＋$\sqrt{3}$＝$2\sqrt{3}$

また，∠DCE＝∠DEC＝75°より，△CDEはCD＝EDの二等辺三角形だから，ED＝CD＝2

よって，BE＝BD－ED＝$2\sqrt{3}$－2

(3) CF＝$\frac{1}{2}$CD＝1より，△BCE＝$\frac{1}{2}$×BE×CF＝$\sqrt{3}$－1

(4) △ABCはAB：AC：BC＝1：1：$\sqrt{2}$の直角二等辺三角形だから，AB＝AC＝$\frac{1}{\sqrt{2}}$BC＝$\sqrt{2}$

これより，△ABC＝$\frac{1}{2}$×AB×AC＝1　△ABE＝△ABC－△BCE＝2－$\sqrt{3}$

△CDE＝$\frac{1}{2}$×ED×CF＝1　よって，△ABEの面積は△CDEの面積の，$\frac{2-\sqrt{3}}{1}$＝2－$\sqrt{3}$（倍）

5 (1) 右図はグラスの上部を真横から見た図である。

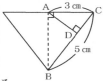

また，図のように補助線をひき，記号をおく。

ちょうど半分だけ赤い球が隠れるので，点Aは球の中心であり，円の接線は

接点を通る半径に垂直だから，AD⊥BCである。つまり，線分ADは球の半径となる。

△ABCはAC：BC＝3：5だから，3辺の長さの比がAC：AB：BC＝3：4：5の直角三角形である。

△ABC∽△DAC（証明略）より，△DACは3辺の長さの比がCD：AD：AC＝3：4：5だから，

AD＝$\frac{4}{5}$AC＝$\frac{12}{5}$（cm）

(2) 右図はグラスの上部を真横から見た図である。

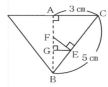

右図において，白い球とグラスの接点をEとし，BCに垂直な直線とABとの

交点をFとすると，白い球が真横から見るとちょうど隠れるのは，AF＝EF

となるときである。

このときAF＝EFは球の半径となっており，球の半径をr cmとする。

△ABC∽△EBF（証明略）より，△EBFは3辺の長さの比がEF：BE：BF＝3：4：5だから，

BF＝$\frac{5}{3}$EF＝$\frac{5}{3}$r（cm）

したがって，BF＋AF＝ABより，$\frac{5}{3}$r＋r＝4　r＝$\frac{3}{2}$

よって，求める長さは，$\frac{3}{2}$cm

(3) 白い球とグラスが接している部分は，(2)の図の線分GEを半径とする円周となる。△EBF∽△GEF（証明略）より，△GEFは3辺の長さの比がGF：GE：EF＝3：4：5だから，GE＝$\frac{4}{5}$EF＝$\frac{6}{5}$（cm）

よって，求める長さは，2×$\frac{6}{5}$×π＝$\frac{12}{5}$π（cm）

6 (1) 別々に買ったときの値引きの合計は，1200×$\frac{5}{100}$＝60（円）

まとめて買ったときの値引きの合計は，（400＋1200）×$\frac{5}{100}$＝80（円）

よって，求める差額は，80－60＝20（円）

⑵（ⅰ）　1日目の内容より，$x<500$ である。

500 円の 10% は $500 \times \dfrac{10}{100} = 50$（円）だから，1日目の商品Yの値引きの割合と，2日目の全体の値引きの割合が同じだとすると，1日目よりも2日目の方が安くなった金額は 50 円未満であり，問題とあわない。

つまり，1日目の商品Yの値引きは5％，2日目の値引きは10％であることがわかる。

したがって，2日目は1日目よりも，商品Xは 10％，商品Yは $10-5=5$（％）安く買えたので，

$\dfrac{10}{100}x + \dfrac{5}{100}y = 125$ より，$2x+y=2500$

（ⅱ）　（ⅰ）より，商品Xと商品Yをまとめて買うと 10％の値引きとなるので，4日目の値引きも 10％である。

したがって，4日目は3日目よりも，商品Xは 10％，商品Yは5％，商品Zは5％安く買えたので，

$\dfrac{10}{100}x + \dfrac{5}{100}y + \dfrac{5}{100}z = 180$ より，$2x+y+z=3600$

$2x+y=2500$ だから，$2500+z=3600$　$z=1100$

英 語

平成㉛年度 解答例・解説

=《解答例》=

【1】＜問題1＞ (1)weather　(2)message　(3)robots　(4)photographer　(5)sightseeing　(6)plane

　　　＜問題2＞ (1)イ　(2)イ　(3)ウ　(4)エ

【2】(1)ウ　(2)エ　(3)ア　(4)イ

【3】(1)①イ　②ア　(2)①ウ　②ア　(3)①キ　②オ

【4】(1)look　(2)favor　(3)wrong

【5】[記号／訂正後](1)[ウ／cities]　(2)[イ／hasn't]　(3)[イ／made]

【6】(例文1)we should help each other　　(例文2)we are not alone at all

【7】(1)イ　(2)A．エ　B．コ　C．イ　D．キ　(3)オ　(4)2番目…イ　4番目…カ　6番目…エ　(5)joking

　　(6)老夫婦を自分の部屋に泊まらせてあげたこと／世界で最も有名なホテルの1つの支配人になった　　(7)イ，オ

【8】(1)A．ウ　B．カ　C．イ　(2)1．host　2．without　3．enough　4．hard　5．train　6．longer　(3)イ

=《解　説》=

【1】

〈問題1〉(1)　質問「彼らは何について話していますか？」　ジョン「また雨！またテニスが練習できないよ」→キャシー「3日間ずっと雨だけど，私が今朝見たテレビのニュースでは，明日はよく晴れるらしいわ」→ジョン「それを聞いてうれしいよ」より，「天気」＝weather の話だとわかる。

(2)　質問「ケンはジェニファーのために何をしましたか？」　ケン「こんにちはブラウンさん。ジェニファーをお願いできますか？」→ブラウンさん「ごめんね，ケン。彼女は外出中よ。3時までに戻ってくるわ」→ケン「わかりました。ニックの誕生日会は6時半に始まるとだけ彼女に伝えてください」より，ケンはジェニファーに「伝言」＝message を残したことがわかる。

(3)　質問「彼らは何について話をしていますか」　ナンシー「それらは私たちよりももっと速く仕事ができると思うの。私たちはミスをするけど，それらは絶対にしないわ」→ジャック「確かに。それらは機械だけど，僕たちのように話すことができるものもあるよ。それらは近い将来僕たちのよい友達になるね」より，「ロボット」＝robots の話である。

(4)　質問「トムは将来何になりたいですか？」　ジェーン「あなたは本当に写真を撮るのが上手ね，トム。私はいつもあなたの写真にとても感動するのよ」→トム「ありがとう，ジェーン。君も知っての通り，カナダには多くの種類の野生動物がいて，僕は世界中の人々にそれらを見せたいんだ。写真を撮ることでお金が稼げたらいいのに」より，トムは写真を撮る仕事である「写真家」＝photographer になりたいことがわかる。

(5)　質問「ジロウがニューヨークを訪問する目的は何ですか？」　ユミ「あなたはニューヨークで何をするつもりなの，ジロウ？」→ジロウ「えっと，僕は最初に自由の女神像を見て，それからセントラルパークを訪れたい。そうそう，もちろん本物のアメリカのハンバーガーも食べてみたいよ」より，目的は「観光」＝sightseeing である。

(6)　質問「彼らはどこで話をしていますか?」　男性「すみません。ロサンゼルスにあとどれくらいで着きますか?」→女性「ただ今ハワイ上空を飛行していますから,あと6時間はかかります。現地時間で午前8時に到着予定です」→男性「ありがとうございます」より,彼らは「飛行機」＝plane の中で話をしている。　　・how soon ～「あとどれくらいで～」

〈問題2〉　(1)～(4)〔【1】〈問題2〉放送文の要約〕参照。

(1)　質問「ジャックとポールは日曜日に何をする予定でしたか?」…イ「テニスをする」が適当。

(2)　質問「ジャックはどれくらい公園にいましたか?」…ジャックは待ち合わせの時間,2時の30分前(＝1時30分)に公園に到着し,3時まで待っていたから,イ「約1時間半」が適当。

(3)　質問「なぜジャックはポールからの電話に出なかったのですか?」…ウ「彼は腹を立てていたから」が適当。

(4)　質問「フランクがジャックに教えた話は何ですか?」…エ「ポールは父を世話しなければならなかった」が適当。　　・take care of ～「～を世話する」

〔【1】〈問題2〉　放送文の要約〕

　ある日ジャックがポールに言いました。「⑴次の日曜日テニスをしようよ」「いいね。でも僕は一度もテニスをしたことがないんだよ。ラケットを持っていないよ」とポールが言いました。「大丈夫だよ。テニスのやり方は僕が教えてあげる。ラケットも2本持っているから,僕のを使えばいいよ」とジャックが言いました。彼らは次の日曜日の2時に公園で待ち合わせることにしました。

　日曜日になりました。⑵ジャックは30分早く公園に着きました。ポールはいませんでした。ジャックは待ち続けました。もう2時半です。でもポールはまだ来ませんでした。「僕は待ち合わせ場所をまちがったのかな?」とジャックは思いました。しかしそこは正しい(待ち合わせの)場所でした。⑵3時になりました。ついにジャックは怒って公園をあとにしました。

　その夜ジャックはポールから電話をもらいましたが,その電話には出ませんでした。ジャックのお母さんが言いました。「ジャック,ポールと話さなかったのね。何かあったの?」「⑶僕は公園で長い間ポールを待ったのに,ポールは来なかったんだよ。今日来れないなら,なぜ今朝電話してこなかったのか,理解できないよ」ジャックはお母さんにそう言いました。「⑶それであなたは怒っているのね。でもポールはあなたの親友じゃないの。明日話してみれば?」お母さんは言いました。

　翌日学校で,ポールがジャックのところに来て言いました。「ごめん,ジャック,昨日は僕…」「君とは話したくないんだ」ジャックはそう言って立ち去りました。その後彼らは口をききませんでした。

　2日後,ジャックは放課後に友達のフランクと話をしていました。フランクは言いました。「ポールは寂しそうだね。まだお父さんのことを心配しているんだね」「何のこと?」とジャックは言いました。「先週の日曜日に,ポールのお父さんが交通事故にあって,病院に運ばれたんだよ。君は知っていると思っていたよ」と彼は言いました。ジャックはそのことを聞いて驚きました。彼は「ポールは僕にそのことを話したかったんだ」と思いました。

　フランクと話した後,ジャックはポールの家に行きました。彼はポールに言いました。「お父さんのこと,フランクから聞いたよ。⑷病院でお父さんを世話しなければならなかったから公園に来れなかったんだね。君は僕にそのことを言おうとしたのに,僕は怒っていて話を聞かなかった。本当にすまなかった」ポールが言いました。「日曜日はごめんね。父は明日退院するよ。順調に回復しているんだ。次の土曜日一緒にテニスをしないかい?」ジャックはほほえんで言いました。「うん,もちろん。誘ってくれてうれしいよ」

【3】

(1) They are collecting <u>cans</u> to keep <u>the street</u> clean. :「彼らは通りをきれいに保つために缶を集めている」…「A を B の状態に保つ」は keep A B で表す。

(2) Have you decided <u>what</u> to <u>give</u> your daughter as a birthday present? :「誕生日プレゼントで娘に何をあげればよいか決めたの？」…「何をあげればよいか」は what to give で表す。（疑問詞）

(3) Didn't I tell you <u>to</u> be quiet while <u>your teacher</u> is speaking ? :「先生が話をしているとき，あなたに静かにするように言いませんでしたか？」　「(人)に～するように言う」は tell you to ～で表す。（人）

【4】

(1) 「～を世話する」＝look after ～

(2) 「お願いできますか？」＝Can/Could I ask you a favor?

(3) 「番号がまちがっています」＝You have the wrong number.

【5】

(1) ウ．「～のうちの1つ」は〈one of＋複数名詞〉で表すので，city→cities が適当。

(2) イ．付加疑問文（＝「ですよね？」と念を押したり，同意を得たりする文）では，肯定文には否定の，否定文には肯定の付加疑問をつける。doesn't→hasn't が適当。

(3) イ．人形は紙で<u>作られる</u>ので，過去分詞を用いて，made of paper（過去分詞＋語句）で後ろから名詞（＝ここでは doll）を修飾して表す。making→made が適当。

【6】

〔【6】　本文の要約〕参照。「問題があってもみんな　　　　という気持ちになれるんだよ」の　　　　に入る文を考えればよい。5語以上の英語で書くこと。we should help each other「お互いに助け合うべきだ」や we are not alone at all「決してひとりじゃない」など，自分が書ける単語や熟語を使って文を作ってみよう。

〔【6】　本文の要約〕

　ケンタは，ジョンに，自分が2年前に撮った1枚の写真を見せている。彼は熊本地震の後，現地に行ってボランティアとして働いた。

ジョン：君や他の人たちのTシャツには同じ漢字が書いてあるね。どういう意味？

ケンタ：これは日本語で「絆」という漢字だけど，英語の単語は忘れちゃった。このTシャツを着ていると，問題があっても お互いに助け合うべきだ/決してひとりじゃない という気持ちになれるんだよ。

ジョン：つまり，「絆」って bond みたいな意味？

ケンタ：ああ，そうそう，思い出した。その通りだよ。

【7】

(1) 〔【7】　本文の要約〕参照。イ「我々はこれ以上お客様を受け入れることができません」が適当。

(2) A．「～はどうですか」は Would you like to ～で表す。エの to stay が適当。　B．主語になる部分なので，動名詞の finding「見つけること」が適当。　C．イが適当。・～years (have) passed「～年が過ぎました」　D．過去の文だから，take「連れていく」の過去形 took が適当。

(3) 〔【7】　本文の要約〕参照。はじめ老夫婦は若いフロント係の申し出を断ったが，彼が<u>強く勧めた</u>ため，老夫婦はその申し出を受け入れることにした。

(4) You are the kind of person who should be the boss of the best hotel. :「あなたは最高のホテルの支配人になるべき（たぐいの）人です」　・the kind of ～「たぐいの～／ある種の～」

(5) 〔【7】 本文の要約〕参照。若いフロント係：You must be joking「そんな，ご冗談を」→老人：I'm sure I am not joking「いや，冗談ではないのだよ」という会話の流れ。joking が省略されている。

(6) 〔【7】 本文の要約〕参照。

(7) ○については〔【7】 本文の要約〕参照。ア「×その小さなホテルでは３つの大きな会議がありました」　イ○「会議があったため，老夫婦が泊まるホテルを見つけるのは困難だった」　ウ「老人は×ホテルの支配人になる人を見つけるために町を訪問した」エ×「フロント係の部屋はあまりに狭かったので，老夫婦はリラックスできなかった」…本文にはない内容。　オ○「ニューヨークでフロント係が老人に会ったとき，彼にとって大きな驚きがあった」　カ「フロント係はウォルドルフ・アストリアホテルの初代支配人に×なりたくなかった」　キ×「老人は自分に大きなプレゼントをくれる誰かをさがしていた」…本文にはない内容。

〔【7】 本文の要約〕

　何年も前のある嵐の夜，ある老人とその妻がアメリカのフィラデルフィアにある小さなホテルのロビーに入って来た。雨をしのぐために，その晩泊る部屋があることを願いながら，ふたりはフロントに近づいた。

　「部屋は空いているでしょうか？」夫が尋ねた。

　フロント係は人なつこい笑みを浮かべた男性だったが，夫婦を見て，彼らに⑺ィ町で３つの大きな会議があるのだと言った。「①当ホテルのお部屋は満室でございます」とフロント係は言った。「しかし，お客様を夜遅くこの雨の中お帰しするわけに参りません。⑹私の部屋に②Aェお泊りになる（＝to stay）のはいかがでしょうか？最高の部屋というわけにはいきませんが，一晩ゆっくりなさっていただけると思います」

　老夫婦はそのような申し出は受けられないと言ったが，若いフロント係は②ォ強く勧めた。「私のことならご心配なく。大丈夫ですから」とフロント係は老夫婦に言った。

　そこで，老夫婦は彼の言葉に甘えることにした。

　老夫婦が翌朝フロントでチェックアウトしている時，老人はフロント係に言った。「③あなたは最高のホテルの支配人になるべき（たぐいの）人です。いつかあなたのために，私がホテルを建ててあげましょう」

　フロント係は彼らを見てほほえんだ。３人とも楽しげに笑った。老夫婦が車でその町を去っていく時，夫は妻に言った。「最近は，親しみやすくもあり親切でもある，そんな人を②Bコ見つけること（＝finding）は難しいのに，あの助けてくれたフロント係は本当にいい人だった」

　２年が②Cィ過ぎた（＝passed）。フロント係はあの老人からの手紙を受け取った時，その夜のことは忘れかけていた。手紙を読んでいくうちにあの嵐の夜のことを急に思い出した。そして，封筒にはニューヨークまでの往復切符が入っていた。手紙には夫婦を訪ねるようにと書いてあった。

　⑺ォ老人はフロント係とニューヨークで再開し，彼を５番街 34 丁目の角に②Dキ連れていった（＝took）。そして望楼が空高くそびえている素晴らしいできたばかりの建物を指さした。

　「あれが，」老人が言った。「君に支配人になってもらいたくて私が建てたホテルだよ」

　「そんな，ご冗談を」若者は言った。

　「④いや，冗談ではないのだよ」老人は口元に笑みを浮かべて行った。

　その老人の名前はウィリアム・ウォルドルフ・アスターといい，その大きな建物は最初のウォルドルフ・アストリアホテルだった。初代支配人になったその若者はジョージ・C・ボルトだった。この若いフロント係は，⑹自分が世界で最も有名なホテルの１つの支配人になるような事態の変化を⑺ォ想像だにしていなかった。

【8】

(1) 〔【8】 本文の要約〕参照。

(2) 1 「2020年，日本はオリンピックの 開催国(＝host country) になります」　・host country「開催国」

2 「次のオリンピックのために，日本はドライバーの いない(＝without) 車を使い始める計画をしている。

3 「今では，運送業者はトラックを運転する人が 十分に(＝enough) いない」　4 「田舎では，多くの高齢者にとって銀行や病院に行くことは 難しい(＝hard) 」　5 「1964年に東京でオリンピックが開催されたとき，日本は世界へ向けて最新の 列車(＝train) を紹介した」　6 「自動運転車は もはや夢ではない(＝no longer) 」　・no longer ～「もはや～ではない」

(3) 〔【8】 本文の要約〕参照。イ「多くの国が自国の未来をよくするためにオリンピックを利用している」が適当。

〔【8】 本文の要約〕

　2020年，オリンピックが東京にやってきます。来たるオリンピックの準備のために，日本は多くのことを変更しつつあります。その変更は，英語教育システム，大学入試，ホテルや観光業などに及んでいます。その他多くの変更があと2年のうちに行われるでしょう。これらの変更の中で日本政府が望む最も大きなものは，2020オリンピックが始まる前に，(1)Aウ 使用可能な自動運転車を増やすことです 。自動運転車を作り始めている国は世界中にあり，公道で人が自動運転車に乗り始めている所もあります。自動運転車に関わる問題は多く発生する可能性があり，たとえば日本などは自動運転車に関する規則がまだ整っていません。しかし日本は 2020年までに使用可能な自動運転車をもっと増やしたいと思っています。それはオリンピックだけでなく，現在日本が直面している多くの問題にも役立つからです。

　オリンピック期間中，多くの人が東京を訪れ，タクシー，バス，電車のような公共交通機関を利用します。人がスムーズに移動できるよう，ソフトバンクやＤｅＮＡなど多くの日本企業は，自動運転バスの試作を始めました。2020年までに準備される予定のこれらのバスは，ドライバーを必要とせず，2020年に東京に来るオリンピックレベルの数の群衆を歓迎するのに役立ちます。自動運転車を作る企業を援助するために，日本政府は，(1)Bカ 自動運転車用東京デジタルマップの作成 を始めました。

　しかし，自動運転車は東京オリンピックで活躍するためだけではありません。多くの企業は，日本が直面している他の多くの問題も解決できると考えています。たとえば，最近日本郵便は自動運転の配達トラックの試験を始めました。日本郵便のような運送会社はドライバー不足という問題を抱えており，その上，オンラインショッピングが増えたため荷物の数は増えています。自動運転の配送トラックがあれば，こうした問題を解決するのに役立つかもしれません，

　さらに，自動運転車が，日本の高齢問題にも役立つだろうと考えている企業があります。日本中，田舎では若者の数がどんどん減っています。それらの地域には多くの高齢者が残されます。このような地域にはバスやタクシーはわずかしかないため，多くの高齢者が銀行や病院など大事な場所に行くのに困っています。この問題を解決するために，企業はこうした田舎の地域でも自動運転のバスの試運転を始めました。これらの地域の自動運転バスは (1)Cイ 高齢者を助け，ひいては命を救うことになるでしょう 。

　(3)イ オリンピックは多くの国が自国を新しい時代に押し進めることに役立ってきました。 1964年東京でオリンピックが開催された時，日本は世界で初めての新幹線を披露しました。1964年，オリンピックは日本を新しい時代に押し進める助けとなったのです。2020年のオリンピックが近づいていますが，日本は，世界を自動運転車の時代に導くことを願っています。政府はこれによって日本が今直面している問題，また今後直面するであろう問題の一部を解決するのに役立つことを願っているのです。

━━━━━━━━━━━━━━━━━━━━━━━《解答例》━━━━━━━━━━━━━━━━━━━━━

【1】＜問題１＞ ⑴ア　　⑵ウ　　⑶ア　　⑷イ　　⑸イ　　⑹エ

　　　＜問題２＞ ⑴ア　　⑵イ　　⑶ア　　⑷ウ

【2】⑴ウ　　⑵エ　　⑶イ　　⑷エ

【3】⑴between　　⑵in　　⑶mean　　⑷difference　　⑸pleasure

【4】⑴①ク　②オ　　⑵①カ　②イ　　⑶①イ　②エ

【5】⑴about　　⑵number　　⑶increasing　　⑷attract　〔別解〕have

【6】⑴telling a police officer that he (has) lost his wallet　（下線部は the でもよい）

　　　〔別解〕talking with a police officer about his lost wallet　（下線部は the でもよい）

【7】⑴A．ウ　B．オ　C．ア　D．キ　　⑵find anything useful in the book

　　⑶空席があるのに，彼女が自分のすぐそばの席に座ったから。　　⑷ア　　⑸オ　　⑹ア，オ

【8】⑴How many　　⑵A．カ　B．エ　C．オ　D．イ　E．キ　F．ア　　⑶③

━━━━━━━━━━━━━━━━━━━━━━━《解　説》━━━━━━━━━━━━━━━━━━━━━

【1】

＜問題１＞⑴　A「宿題は終わったの？」→B「まだだよ」→A「じゃあ，どうしてテレビなんか見ているの？」
→Bア「これは僕が大好きなテレビ番組(show)なんだ」の流れ。

⑵　A「車を持っている？」→B「持っているよ」→A「どんな車を持っているの？」→Bウ「トヨタだよ」の流れ。

⑶　A「ペーパーナイフはどこ？」→B「どのペーパーナイフ？」→A「どれでもいいよ。この手紙を開封する
必要があるんだ」→Aア「食卓の上にあると思うよ」の流れ。

⑷　A「インターナショナルスクールで教えていてどうですか？」→B「文化が異なる人々が一緒に勉強するの
を見ることは興味深いです」→A「彼らに教えるのは難しいですか？」→Bイ「そんなことはありません。私の
生徒はみんな授業を理解しようとしていますから」の流れ。・How do you like ～?「～はどうですか？」（感想を尋
ねる表現）・find it … to ～「～するのが…だとわかる」

⑸　A「(車の)スピードを落として。速過ぎるよ」→B「急がなければコンサートに遅れるよ」→A「でも事故
を起こしたら，コンサートを見損なうよ」→Bイ「わかった。僕は優良ドライバーだ」の流れ。

⑹　A「とても頭が痛い」→B「ストレスで？」→A「いいや。テストは良い点だったし，昨晩はぐっすり眠っ
たよ」→Bエ「じゃあ，しばらくしたら良くなるよ」の流れ。エの it は headache を指し，go away は「いなくな
る」という意味。

＜問題２＞　⑴～⑷〔【1】＜問題２＞ 本文の要約〕参照。

⑴　質問「会員カードを手に入れるのにいくら支払わなければなりませんか？」…ア For free.「無料です」

⑵　質問「新作映画を借りるのにいくらかかりますか？」…イの３ドル 50 セント。

⑶　質問「(客の)男性は何本の映画を借りましたか？」…合計金額が７ドル 50 セントだから，新作映画１本と
旧作映画２本の合計３本が適当。

⑷　質問「会話と一致するのはどれですか？」…ア「その客は×妻のためにアクション映画を借りた」…娘のた
め。　イ「一回に×7本の映画（ビデオ）が借りられる」…借りられるのは６本まで。　ウ○「現在，５ドルで５

本の旧作映画（ビデオ）を借りられる」　エ「その客は×木曜日の朝までに映画（ビデオ）を返却しなければならない

だろう」・・・木曜日の午後10時までに返却しなければならない。

〔【1】＜問題2＞ 本文の要約〕

店員：こんにちは。何かお探しですか？

客　：ええ。この映画を借りたいのですが。

店員：ああ，アクション映画ですね！

客　：ええ。娘のためなのですが。

店員：わかりました。大丈夫です。会員カードはお持ちですか？

客　：いいえ，持っていません。えっと，ここでビデオを借りるのに必要ですか？

店員：はい。

客　：⑴そのカードは有料ですか？

店員：⑴ァいいえ，無料です。単にビデオレンタルの記録を残すためのものです。それではこちらの用紙にご記入をお

　　　願いします。

客　：わかりました。ところで映画のレンタル代はおいくらですか？

店員：ええと，⑵ィ新作映画は３ドル50セント，［なるほど。］，他の映画は２ドル，［ふむふむ。］，そして一回に６本借

　　　りることができます。［わかりました。］更に特典がございます。⑷ゥ５本を５ドルで借りられます。［ほぉ。］た

　　　だし旧作映画だけです。

客　：それでは，今夜はこれだけ借りることにします。

店員：かしこまりました。ええっと・・・合計は７ドル50セントになります。

客　：いつ返却すればいいですか？

店員：あさって木曜日の午後10時までにご返却ください。

客　：わかりました。

店員：遅延料金はレンタル料金と同額ですから，必ず時間までにご返却ください。それではアクション映画をお楽しみ

　　　ください。

客　：わかりました。ありがとう。

【3】

(1)　２点を結ぶ範囲を表す between A and B「AとBの間」が適当。both A and B「AとBの両方」と混同しないこと。

(2)　「東から」は in the east で表す。in は広がりのある場所を表す前置詞。日本語の「～から」を見て from にしな

いこと。

(3)　mean には「～するつもりで言う」という意味があり，what you mean で「あなたが何を言いたいのか」を表す。

(4)　「別に私はどっちでもいい」を「私にとっては何も違いがない」ととらえる。

(5)　It's my pleasure.「こちらこそ」は，相手の Thank you for ～に対する丁寧な返事である。

【4】

(1)　How did you come up with such a good idea? :「（よい考えなどを）思いつく」は come up with ～で表す。

(2)　I don't know how long it takes to walk from here to Nagoya Station. : 間接疑問の文だから，疑問詞の後の語順〈how

long＋主語＋動詞〉に注意。「～するのに時間がかかる」は it takes ・・・ to ～で表す。

(3)　I am still in touch with a few of my friends from high school. :「～と連絡を取る」は be in touch with ～で表す。「友

人数人と」は「友人のうちの何人かと」という意味だから，a few of my friends で表す。

【5】

(1) 「訪日外国人<u>について</u>話をする」のだから，about が適当。・talk about ～「～について話をする」

(2)(3) グラフより「訪日外国人の<u>数</u>が<u>増えている</u>」ことから考える。・the number of ～「～の数」
increase「増える」は，直前に is があるから現在進行形にする。increase の ing 形，increasing が適当。

(4) 直後のマユコの返事から，先生の質問は「なぜ日本はそれほどたくさんの<u>旅行者がいる（旅行者を引き付ける</u>）
のか？」。無生物が主語になる英語特有の表現。Japan は三人称単数扱い。疑問文だから have か attract が適当。

【6】

「タロウは財布を落としたことを（または落とした財布について）警官に話している」という文を作ればよい。
「～したことを（人）に話す」は〈tell＋人＋that＋主語＋動詞 ～〉，「～について話す」は〈talk about ～〉で表す。

【7】

(1) 〔【7】 本文の要約〕参照。

(2) 「役に立つもの」は something useful だが，否定文だから anything useful にする。-thing で終わる代名詞は直後
に形容詞をつけることに注意。

(3) この第5段落から，空席があるにもかかわらず，彼女は肩が触れそうなほど彼の近くの席に座ったことを日本
語でまとめればよい。

(4) 第6段落の最後の3つのセリフは，相手の女性に話しかけるためにブレアが考えたものだから，アが適当。
・break the ice「話の口火を切る」「場を和ませる」

(5) 〔【7】 本文の要約〕参照。

(6) ○については〔【7】 本文の要約〕参照。ア○「ブレアは自分のライフスタイルを良くしようと，毎日コーヒ
ーハウスに行くことにした」…第1段落の内容と一致。 イ「ブレアはバイクと古い車に興味を抱いたので，
×それらに関する本を読むのが好きだった。」 ウ「ブレアはコーヒーを一杯頼み，×それを外のテラスに運ぶよう
店員に頼んだ」 エ×「ブレアが本を読んでいると，一人のすごい美人が来て，×彼のテーブルについた」
オ○「ブレアはその女性が自分に関心があるのか，確信はなかったが，彼女に話しかけたいと思った」
カ「ブレアはその女性に×たくさんの彼氏がいることがわかり，彼女に失望した」

〔【7】 本文の要約〕

ブレアは一日中家にじっとしているのが嫌いだった。それでももっと出かけることにした。(6)ア（それでも）彼は時折，
一日中家の中にいるように感じていた。つい最近，彼はこの問題を解決する完璧な方法を思いついた。それは毎日近所
のコーヒーハウスに行くことだった。そこでは45種類のコーヒーや紅茶を A楽しむ ことができた。コーヒーはおいし
いし，それにあまり混んでいなかったので，彼はそこが気に入っていた。

ある日彼はそのコーヒーハウスに行った。家から歩いて10分しかかからなかった。そこには若くもなければ可愛く
もない女性客が3人いた。ブレアはちょっと失望した。彼はおいしいコーヒーを飲んでいる間，見た目の良い女性を眺
めているのが好きだった。

彼は「本日のコーヒー」のラージサイズを注文した。それは1ドル70セントだった。彼は店員に2ドル渡した。彼
は Bお釣り を受けとるとコーヒーを外のテラスに持って行った。ブレアは外でコーヒーを飲むのが好きだった。そうす
ると道行く車を眺めることができたからだ。彼は英国製のバイクと古い車を C見つける のが好きだった。

彼はパラソル付きのテーブルに座り，本を広げて読み始めた。2年間その本を読んでいても，彼はその本の中に役立
つものは何も見つけられなかった。その時一人の女性がテラスに近づいてきた。彼は顔を上げて彼女を見た。彼女は実

に美しい，ブレアはそう思った。そして彼女は一人だった。彼女がそばを通り過ぎる時，彼はまた本に目を落とした。目はページを追っていたが，ブレアの D 気持ち はその女性に向いていた。

　数分後，その女性は手にコーヒーカップを持ち，ブレアの隣のテーブルに座った。彼女の席があまりにも近かったので，彼は彼女の右肩に触れそうだった。テラスには他にも空いているテーブルは 4 つある。なぜ彼女はこのテーブルに，これほど彼の近くに座ったのだろうか？彼が口説くのを期待していたのだろうか？

　ブレアはまた本を見た。しかし文字など読まずに，その女性のことを考えていた。何て言えばいいのだ？どうやって ③話を切り出せばいいのだろう？いいセリフは何だろう？「どんなコーヒーをお飲みですか？」「とても素晴らしい香水ですね」「美術の授業でご一緒しませんでしたか？」

　⑹オおそらく彼女の方はブレアに何の関心もなかっただろう。彼女はただ座って静かに飲みたかっただけだ。でもなぜここに座ったのだろう？彼の頭はぐるぐるしてきた。何か言わなければいけなかった。

　ちょうどその時，彼女の携帯が鳴った。彼女は返事をして，笑い，楽しそうに話し始めた。彼氏に違いない，ブレアは思った。

　a しかし 彼女が話し終わったすぐ b 後 ，彼はそんなことを考えるのはやめた。c なぜなら 彼女は異国の言葉を話していたからだ。ブレアはその言葉が理解できなかった。彼は彼女に話しかけるのを諦めた。彼は意識を本とコーヒーに戻した。コーヒーはおいしかった。

【8】

(1)　次の段落の 2 文目 We have found about 2,500,000 different plants and animals から，数を尋ねる How many が適当。

(2)　〔【8】　本文の要約〕参照。

(3)　〔【8】　本文の要約〕参照。文の流れを正確につかむこと。第 3 段落は，人間に見つかりにくい種がある理由についてだから，③「これらの種は，私たちが保護しようとしないならば危機に瀕するかもしれません」が適当。

〔【8】　本文の要約〕

地球上には何種類の動植物がいるのでしょうか？

科学者たちは長い間，この問いへの答えを見つけようとしています。今のところ，約 250 万種類の動植物が見つかっています。これらの生きものは種と呼ばれています。多くの人は，私たちが地球上にいる全ての種を発見し，研究していると思っていますが，これは真実ではありません。A ヵまだ私たちが発見していない種の方がずっと多いのです。地球上の種の総数は 800 万から 1,000 万の間だろうと考える科学者もいます。これは非常に驚くべき数字です。つまり，今のところ，この惑星にいる動植物の約 30％しか私たちは知らないことを意味するのです。加えて，恐竜のようにもう地球上にはいない動植物で，まだ私たちが発見していない種も多くあります。もはや地球上に生息していない種は絶滅種と呼ばれています。毎年，科学者たちは何千種類もの新しい種を発見します。2014 年には 18,000 の種が新たに見つかりました。B エこの中には海に生息するものもあれば陸に生息するものもあります。他に発見された新しい種は，大昔に地球上にいた絶滅した恐竜や，その他の動物でした。

私たちが地球の動植物の全てを知らない理由はたくさんあります。C ォ通常，見やすい種は見つけやすいものです。しかしながら地球上には，行くのが困難な場所がたくさんあります。海はとてつもなく広大ですから，ここへ（探しに）行くのは困難です。①私たちは海洋の種の約 10％しか発見していないと考える科学者もいます。②他の探索しにくい場所は熱帯雨林です。熱帯雨林には，樹木の高所に生息する多くの種がいます。人が 30 メートルの高さの木に登るにはロープが必要です。④これは危険かもしれませんが，必要なことなのです。なぜなら木のてっぺんから決して離れない動物が数多くいるからです。また，熱帯雨林には樹木の種類が多く，それぞれの木に異なる昆虫がいるかもしれません。熱帯雨林 1 ヘクタール当たりに 100 種類の樹木がある可能性があります。それぞれの木に生息する異なる植物と昆虫が

いるかもしれません。熱帯雨林は，解明困難な鬱蒼（うっそう）とした場所であり，そこにはまだ発見されていない種が数多くいます。｜Dィしかし大勢の人が暮らす場所でも新種が見つかっています。｜事実，2012 年，ニューヨークシティで新種のカエルが見つかったのです！

　　将来，新しい動植物を探し続けることは重要になるでしょう。｜Eキ人口は急速に増えており，人は森林を町や農場に変えています。｜このため，多くの動植物が絶滅の危機に瀕しています。人は自然の中で価値のある薬や食物を見つけてきたのですから，新しい種を探し続けることは重要です。アボカド，パイナップル，バナナ，グレープフルーツ，ショウガ，トマトは，森林で見つかった食物のほんの一例です。森林と海には人にとって価値のあるものがたくさんあり，何百万もの新しい種が発見されるのを待ち望んでいるのです。｜Fアこうした理由から，人はこれらの場所を健全で安全な状態にしておかなければいけません。｜もしあなたが新しい種を見つけることに興味があるのなら，なすべき活動はたくさんあるのです！

━━━━━━━━━━━━━━━━━ 《解答例》 ━━━━━━━━━━━━━━━━━

【1】 <問題1> (1)ウ (2)ウ (3)エ (4)ウ (5)ア <問題2> (1)イ (2)ウ (3)エ

 <問題3> (1)ウ (2)ア (3)ウ (4)イ

【2】 (1)ウ (2)ウ (3)イ (4)イ

【3】 (1)take (2)with (3)out

【4】 (1)will／the／weather／be (2)How／often (3)because／of

【5】 (1)①カ ②キ (2)①イ ②ア (3)①オ ②キ (4)①ウ ②カ

【6】 (1)We can eat fresh seafood every day 〔別解〕There is a famous seafood restaurant in our town

 (2)What is your favorite outdoor activity 〔別解〕What do you want to do in this town

【7】 (1)1．worried 2．got 3．starting 4．sold (2)エ (3)forgot (4)the importance of work (5)イ

 (6)イ，オ

【8】 (1)1．エ 2．ア 3．ウ 4．ア 5．イ 6．エ 7．エ 8．ウ (2)ウ，カ

 (3)1．food 2．ugly 3．health 4．difference 5．save

━━━━━━━━━━━━━━━━━ 《解　説》 ━━━━━━━━━━━━━━━━━

【1】

 <問題1>(1)　Aが最後に「何時に出発しましょうか？」と尋ねたから，ウ「11時に出発しましょう」が適当。

 (2)　Aがサッカーの試合をするから見に来ないかとBを誘った場面。ウ「本当ですか？それを見たいです」が適当。

 (3)　Aが最後に「なぜあなたは空港に行ったのですか？」と尋ねたから，エ「おじに会うためです」が適当。

ア「私がとても忙しかったからです」は何かできなかった，またはしなかった理由だから，ここでは不適当。

 (4)　A「私の辞書が見つかりません」→B「ロッカーは確認しましたか？」→A「はい，しかし，私の辞書はそこにありませんでした」に続くBの発言だから，ウ「私のものを使っていいですよ」が適当。

 (5)　電話での会話。Aが最後に「伝言を預かりましょうか？」と尋ねたから，ア「いいえ，結構です。また電話します」が適当。

 <問題2>〔【1】<問題2>放送文の要約〕参照。 (1)　質問「ケビンは3日前に何をしましたか？」

 (2)　質問「ケビンは子どものころ何になりたかったですか？」 (3)　質問「ケビンの今の仕事は何ですか？」

〔【1】<問題2>放送文の要約〕

ジェシカ：こんにちは，ジェシカ・ブラックです。今日はケビン・スコットさんにインタビューします。彼は3日前の火災でのヒーローです。初めまして，ケビン。

ケビン　：こちらこそ初めまして。

ジェシカ：(1)あなたは3歳の女の子を火災から救いましたね。

ケビン　：ええ，私は彼女を助けるために全力を尽くしただけですが，そのことをはっきりと覚えてはいません。

ジェシカ：あなたはとても勇敢ですね！彼女の両親だけでなく，消防士もあなたに感謝したとも聞きました。

ケビン　：本当ですか？それは光栄です。私は子どものころ，消防士の映画を見て，とても感動しました。それ以来，彼らのように勇敢な人になりたいと思っています。

ジェシカ：それで，あなたはその時，消防士になりたいと思ったんですね？

ケビン　：うーん…実は違います。⑵私は警察官になりたかったんです。しかし，いつも消防士を尊敬しています。だ
　　　　　から，彼らの役に立ててうれしいです。

ジェシカ：⑶あなたは生徒たちのいいお手本になりましたね。

ケビン　：ええ，そうだといいです。⑶私は生徒たちに親切になって他人の役に立とう，いつも言っています。

ジェシカ：どうもありがとうございました。　⑶ここから生徒たちを教え導く仕事＝教師だとわかる。

ケビン　：どういたしまして。

　　　＜問題３＞〔【１】＜問題３＞放送文の要約〕参照。　(1)　質問「１階では何を売っていますか？」

　　⑵　質問「メインホールに１時40分までに行けば，何をすることができますか？」　　　(3)　質問「健康食品を買
いたい場合は，何階へ行けばいいですか？」　　　(4)　質問「５階には何がありますか？」

〔【１】＜問題３＞放送文の要約〕

　ＡＢＣデパートにお越しいただき，ありがとうございます。⑴１階には，様々なカバンや靴があります。ぜひ気に入
ったものを見つけ，お安いお値段でお買い求めください。化粧品売り場は３階に移転いたしました。２階では，メイン
ホールにて特別なトークショーを行っております。有名な日本の画家，オノ・クミコさんが出演されます。トークショ
ーは２時に始まります。⑵オノさんの絵ハガキをお求めの方は，１時40分までにメインホールにお越しください。また，
⑷５階のＡＢＣ美術館でオノさんの作品を見ることもできます。美術館は５時に閉館いたします。⑶３階には，化粧品，
おしゃれなスポーツウェア，健康食品といった女性向けの店舗がたくさんございます。４階には６つのレストランがご
ざいます。イタリア料理，中華料理，和食，フランス料理，韓国料理，インド料理を味わうことができます。それらは
午後10時閉店です。お越しいただきありがとうございます。ＡＢＣデパートですてきなひと時をお過ごしください。

【３】

(1)　・take＋もの＋with＋人「（もの）を持って行く」・take off ～「～を脱ぐ」

(2)　・○○＋to write with「書くとき使う○○」・○○＋with ～「～のある○○」　名詞　名詞　名詞

(3)　・out of control「制御不能で」・hand out ～「～を配布する」

【４】

(1)　now「今」を tomorrow「明日」にかえると未来形になる。（　　）の数から，will を使えばよい。疑問詞のある助
　　動詞の疑問文だから〈How will the weather be tomorrow?〉の語順になる。is を原形の be にすることに注意。疑問詞　助動詞　主語　動詞の原形

(2)　頻度を尋ねる表現は〈How often ～?〉である。

(3)　上の文は「ボブは脚をけがしたので，キャンプに行けなかった」という意味だから，下の文は「ボブは脚のけ
　　がのせいでキャンプに行けなかった」にする。「～のせいで」＝because of ～

【５】

(1)　Three years have passed <u>since</u> we began <u>to</u> learn English.：「～してから○年になる」は〈○＋years have passed数字
since＋過去を表す文〉で表す。「～し始める」＝begin to ～　数字

(2)　This box is so <u>heavy</u> that I <u>can't</u> carry it.：「とても…なので，～できない」は〈so…that＋主語＋can't＋動詞の原
形〉で表す。

(3)　I think that many people <u>sometimes break</u> the rules <u>without</u> knowing it.：「～することがある」は副詞 sometimes で
表す。「ルールを破る」＝break the rules，「～しないまま」＝without ～ing

(4)　This picture is as beautiful <u>as</u> the one painted <u>by</u> the famous artist.：「○○と同じくらい～」は〈as ～ as＋○○〉で
表す。「その有名な芸術家が描いたもの（＝その有名な画家によって描かれたもの）」は〈過去分詞＋語句〉で後ろ
から名詞（ここでは one）を修飾して表す。

【6】

(1)　直前にある please tell me one good point about this town.「この町の良いところを１つ教えてください」への答えを書く。直後にブラウン先生が I like seafood very much.「私は海産物が大好きです」と言ったから，海産物に関する文が適当。

(2)　ブラウン先生が I like outdoor activities.「私は屋外活動が好きです」と言った後に続く発言。直後に Fishing. Let's go fishing someday.「釣りです。いつか一緒に釣りに行きましょう」と言ったから，好きな屋外活動ややりたい屋外活動について質問すればよい。

【7】

(1)　〔【7】本文の要約〕参照。　　２　・get＋形容詞「〜になる」　　３　直前に about があるから ing 形にする。・How about 〜ing?「〜してはどうですか？」・start to 〜「〜し始める」

(2)　最終段落の下から２行目に"Treasure Box"とあるが，実際に宝箱を見つけたわけではないことを読み取る。

(3)　〔【7】本文の要約〕参照。（ ア ）の２行上にある cannot remember と同じ意味となる語が入る。過去の出来事だから過去形にすることに注意しよう。

(4)　〔【7】本文の要約〕参照。第２段落３行目から抜き出す。老人が息子たちに理解してほしかったことである。

(5)　〔【7】本文の要約〕参照。

(6)　○は〔【7】本文の要約〕参照。ア「老人は×宝物があって幸せに暮らしたので，息子たちにも幸せに暮らしてほしかった」　イ○「老人は亡くなる前に息子たちに暮らしを変えるように頼んだが，彼らはたくさん働くのが好きではないので，そうしなかった」　ウ×「息子たちは金貨と高価な宝石の入った父親の宝箱を見つけたが，自分たちのものにするべきでないとわかった」　エ×「老人は自分の遺産で息子たちに幸せに暮らしてほしかったが，息子たち自身に未来について話し合ってほしいとも思った」　オ○「老人は自分がもうすぐ亡くなると知っていたので，息子たちに何か使えるものを残したいと思った」　カ×「息子たちはお金がなくても幸せに暮らせることを理解し，自分たちで野菜を育て始めた」

〔【7】本文の要約〕

　村に住んでいる１人の老人がいた。彼には４人の息子がいて，彼らはとても怠け者だった。⑹オ<u>老人は病気で寝たきりになってしまい，死んでしまう日も近い</u>と思った。老人は息子たちの将来をとても<u>心配した</u>。なぜなら，⑹イ<u>その若者たちは一生懸命働きたくない</u>と思っていたからだ。⑸イ<u>息子たちは運が助けてくれるだろうと信じていた</u>。

　老人の状態は日に日に悪く<u>なり</u>，⑹イ<u>彼は息子たちに将来のことを話そうと決心した</u>。しかし，息子たちは聞く耳を持たなかった。⑹オ<u>老人は息子たちが労働の大切さを理解しなければならない</u>と思い，それであることを企んだ。

　ある日，老人は息子たち全員を呼び寄せた。息子たちは老人のそばに座った。老人は，息子たちのために金貨と高価な宝石の入った宝箱を持っているから，その宝を山分けし，幸せで豊かな生活を送ってほしいと言った。若者たちはとても喜び，その宝箱がどこにあるか父親に尋ねた。老人は彼らにこのように返事をした。「その場所を思い出せないんだ。しかし，宝箱は私たちの土地に隠されている。どこに隠したかは本当にわからない」

　怠け者の息子たちは喜んだが，老人がどこに宝箱を隠したか<u>⑺忘れてしまった</u>ので悲しくなった。数日後，老人は亡くなった。息子たちはその宝箱を見つけるために土地を掘ることにした。

　息子たちはとても熱心に働き，土地を掘った。彼らは宝箱など見つけることができなかった。彼らは他と少し違う場所を掘ることにした。息子たちはその場所に宝物が隠されていると信じていたのだ。彼らはとても深くまで掘ったが，水しか見つからなかった。

　掘られた土地と掘り当てられた水を見た隣人が彼らに「君たちの土地に緑の野菜と花を植え<u>⑶始めた</u>らどうかね？」と言った。それで彼らは再びそれを育てるために熱心に働いた。そこは水が豊かでとても肥えた土地になったので，数

週間後には緑の野菜と花のある美しい庭になった。若い息子たちはそれをいい値で[4]売り，大金を稼いだ。その時，彼らは，(イ)労働の大切さが，父親が彼らに得てほしいと思っていた『宝物』であることを理解した。彼らは自らの暮らしを変え，熱心に働き続け，より多くのお金を稼ぎ，その後幸せに暮らした。

【8】

(1) 〔【8】本文の要約〕参照。

(2) ○は〔【8】本文の要約〕参照。ア×「病気やけがをした友人に会うために病院へ行くとき，私たちはいつもその人のために高価な果物を持って行く」　イ「多くの買い物客が見た目のいい果物や野菜だけを買うので，×醜いものは発展途上国に送られる」　ウ○「世界の農作物の３分の１は見た目が良くないがために捨てられる」エ「×農作物を育てるのに必要な水を節約すれば，20億人が十分な量の食べ物を得られる」　オ「多くの発展途上国には十分な水や燃料がないので，×食べ物の生産をあきらめなければならない」　カ○「醜い農作物から作った食事を味わえることを示そうとしている料理人がいる」　キ×「与えられる多くの食事がもともと醜い果物や野菜からできていることを，私たちは知らない」

(3) 〔【8】⑶会話の要約〕参照。

〔【8】本文の要約〕

　スーパーに入ったとき，あなたが最初に目にするものは，すばらしい農作物だ。きれいな形をしたリンゴやオレンジ，とても葉の多い緑の野菜，きれいなオレンジ色をしたニンジンは，すべて同じ大きさできれいに並べられている。とても高価な果物を売っている東京の千疋屋のような店もある。こうした果物は結婚式やパーティー，お見舞いなど特別なイベント用である。リンゴ１個で約 2000 円することもある！見た目も味も良くするために，農家はこうした果物を育てるのに特別に手間をかける。そのため，値段がそんなに[1エ高く]ても驚きはない。しかし，あなたはそれほどきれいに見えない『醜い』果物や野菜に何が起きているか考えたことはあるだろうか？

　多くの買い物客はたいていデパートやスーパーで見つけた『完璧な』果物や野菜を買う。しかし，醜い農作物も，完璧に新鮮で栄養があり，おいしいのだ。それらはただ，スーパーで並んでいる『通常の』農作物に比べ，少し見た目が違ったり，大きかったり，小さかったり，変な形をしているだけである。実は，この状況において本当に醜いこととは，世界の多くの人々が今を生きるのに十分な量の食べ物を持っていない[2アにも関わらず]，たくさんの食べ物が捨てられていることである。

　そのような食べ物は，食べられなかったり，健康に悪かったりするのではなく，スーパーの店主が果物や野菜の見た目をよくしたいがために捨てられる。そのため，通常の大きさ，形，または色でなければ何でも[3ウ売られなくなってしまう]。⑵ウこれは何十億キロの完璧で健康に良い農作物が，見た目が良くないがために食べられないことを意味する！それは世界の農作物の３分の１に相当し，空腹に[4アあえぐ]20 億人を救うのに十分な量なのだ！だれも食べない食べ物を生産することは環境的にも厳しく，それを育てるために必要な水，燃料，土地などを無駄にしている。たった１つのリンゴを育てるのに 70 リットルの水が使われる。水はいつでも食べ物を生産するために最も必要である。[5イ雨があまり降らない]国もあるので，そのような国では水を効率よく使うことがとても重要である。多くの発展途上国はとても貧しく，ただ捨てられるだけの食べ物に使う水や燃料を無駄にすることはできない。

　１年に[6エどのくらいの量の食べ物が無駄になっているか]についてずっと考えている料理人がいる。彼らは農家で捨てられてしまう醜い果物や野菜を使って食事を作っている。⑵カ彼らは醜い果物や野菜に対する人々のイメージを[7エ変え]，そういう農作物もおいしくて栄養があることを示そうとしている。彼らは「私たちは食べ物の無駄を食い止めなくてはいけません。農家が作った果物や野菜を全部活用する良い方法を考えるべきなのです。みんなで協力すれば，大きな変化をもたらすことができます」と言う。次に買い物に行ったり食事をとるために座ったりしたとき，目の前の食べ物に

注がれた 8ウ努力 について考えてみてほしい。

〔【8】(3)会話の要約〕

佐藤先生： 1食べ物 の無駄について話そう。君はどう思う？

マイク　：それは実に大きな問題だと思うな。たくさんの果物や野菜が，ただ 2醜い がために食べられていないことを知って驚いたよ。僕たちはそういう農作物を食べようとするべきだけれど，それは手に入らないね。

佐藤先生：政府はそのような食べ物の売買を奨励するべきだと思うな。実際に，安い値段でそのような食べ物を売り始めたスーパーや農作物市場もあるんだ。

マイク　：それを聞いてうれしいよ。しかし，そのような農作物が通常のもののようにおいしくて 3健康 に悪くないことを，どうやって人々は知るのかな？

佐藤先生：人々にこれを教えることがいかに重要かを理解するべきだね。生徒たちはそれを授業で学び，そういう食べ物で作られた給食を食べるべきだ。その給食が味の面で何も 4違い がないとわかるだろう。お金もそんなにかからないよ。

マイク　：それが実現したら，人々は買い物や給食にかけるお金を 5節約 できるね。それに，果物や野菜を無駄にする必要がないから，君の考えは農家だけでなく環境にとっても良いね。

════════════════════════════ 《解答例》 ════════════════════════════

【1】〈問題1〉①イ ②ウ ③ア ④ウ 〈問題2〉1)エ 2)ウ 3)ア 4)イ

【2】1)peace 2)thirsty 3)least 4)November

【3】1)true 2)asked 3)upside 4)share

【4】1)made／him 2)by／himself 3)been／abroad 4)I／should

【5】1)①ア ②カ 2)①ア ②キ 3)①イ ②キ

【6】1)What do you want me to buy?／Can I buy anything for you?／What should I buy for you? など

2)I'm glad you like(d) it.／I'm happy to hear you like(d) it. など

【7】1)ウ 2)感情の表現方法が文化によって異なること。 3)a.イ b.エ c.オ d.ウ e.ア

4)imagine 5)息子と1年以上会っていなかったから。 6)A.イ B.ウ C.オ 7)イ,エ

【8】1)ア 2)ウ

3)1.two 2.called 3.large 4.tenth 5.went 6.change 7.used 8.old

════════════════════════════ 《解　説》 ════════════════════════════

【1】

〈問題1〉①～④ 〔〈問題1〉放送文の要約〕参照。

〔〈問題1〉放送文の要約〕

ベス　：お父さん，退屈だわ。映画を見に行きたい。

父親　：今日の映画？うーん，新聞を見てみよう。そうだな。①午後2時45分に始まる映画があるぞ。あ，
　　　　お母さんも連れて行ったほうがいいかな？

ベス　：①そうね。

父親　：わかった，お母さんは今サンタモニカにいるから，待たないといけないね。

ベス　：そうね。そこでお母さんに会って，車で一緒に映画館へ行かない？

父親　：だめだよ。お母さんは1時30分に帰って来るんだ。家で待っていて，2時に一緒にここを出よう。
　　　　映画の後は何をしようか？映画は2時間くらいだよ。

ベス　：②散歩をするのはどう？

父親　：②そうだね，どこに散歩に行きたい？ビーチまで行くかい，それとも公園内を歩くかい？

ベス　：②公園ね！そこに1時間くらいいられるかしら？

父親　：うーん，それはいいね。そうしたら今夜は外食しよう。どうかな？

ベス　：とてもいいわ！③今日はフランス料理が食べたいな。レドンド・ビーチのベッキーズ・レストランでディ
　　　　ナーを食べましょう。でもレドンド・ビーチのどこにそのレストランがあるか覚えていないの。

父親　：カタリーナ通りだよ。今日は土曜日だから，ベッキーズのディナーは6時からだよ。公園からそこま
　　　　で車で40分だね。③そこに6時30分くらいに着いて，8時頃にディナーを食べ終わるね。

ベス　：わかったわ。その後はまっすぐ家に帰るの？

父親　：うーん，④レストランから30分離れたところにある丘から美しい夜景が見えるな。そこへ行こう。夜
　　　　景を楽しんでから，その丘を9時30分頃に出て家に帰ろう。

ベス　：すばらしいわね。待ちきれないわ…。

〈問題２〉〔〈問題２〉放送文の要約〕参照。　１）　質問「男性は電車で息子に何と言いましたか？」

２）　質問「なぜ少年は電車でうれしかったのでしょうか？」　　３）　質問「少年達の集団は父親の話を聞いた後，何をしましたか？」　　　４）　質問「この物語についてどれが本当ですか？」…ア×「電車に乗っていた少年達の集団は学校へ行く途中だった」　イ○「少年達の集団は駅に入って来る電車を見た時，興奮していた」　ウ「男性とその息子は少年達の集団が電車に乗る×前に席を確保した」　エ「少年は父親にリンゴを買うよう頼んだが，父親は×だめと言った」

〔〈問題２〉放送文の要約〕

　暖かく晴れた日のことでした。鉄道の駅舎にいる人はみな電車の到着を待っていました。その人混みの中に，夏休み中の少年達の集団がいました。

　そこはコーヒー屋やレストラン，新聞雑誌売り場などがありとても混み合っていました。電車が来たというアナウンスを聞いて，みな電車に乗る準備をしました。

　４）イ少年達の集団は電車が駅に入ると歓声をあげて迎えました。彼らはだれかが電車に乗る前に自分の席を確保しようと走りました。

　ほとんどの席が埋まり，電車は出発の準備ができました。その時，幼い男の子を連れた男性が電車に乗るため駆け込みました。親子が電車に乗り込むと，電車は動き始めました。親子の席は少年達の集団のすぐ隣でした。

　父親と一緒にいた幼い男の子は何に対しても，とても驚きました。

　彼は父親に，「お父さん，電車が動いている。すべてのものが後ろに動いているよ」と言いました。

　１）父親は「そうだね」と言ってほほ笑みました。

　電車のスピードが上がると，男の子は「お父さん，木は緑色なんだね，そしてとても速く走っているよ」と大声で言いました。父親はもう一度ほほ笑み，うなずきました。

　男の子はとても熱心に，とてもうれしそうにあらゆるものを見ていました。

　果物売りがリンゴとみかんを売りながら通り過ぎました。男の子は父親に「リンゴを食べたい」と言いました。それで父親は彼にリンゴを買ってあげました。男の子は「あ，リンゴは実際の味よりもずっと甘そうに見えるんだね。僕，この色がとても気に入ったよ」と言いました。

　この様子をことごとく見ていた少年達の集団は，父親「あなたの息子は大丈夫ですか？なぜこんなことにいちいち興奮しているんですか？」と尋ねました。

　集団の中の１人が「あなたの息子はおかしい」と大声で言いました。

　男の子の父親は静かに「息子は生まれた時，目が見えなかったんだ。２）数日前に目の手術をして，今日，退院したんだ。息子は人生で初めてたくさんのものを見ているんだよ」と答えました。

　３）少年達の集団は静まりかえり，父親と息子に謝罪しました。

【２】

１）　同じ発音の語。

２）　食べ物：お腹がすいている　の関係。Ｃ欄が water「水」だから，thirsty「喉が渇いている」が適当。

３）　原級：最上級　の関係。little の最上級は least。

４）　序数：その月　の関係。

【3】

1）　「(夢が)叶う」＝come true

2）　「(人)に助けを求める」＝ask＋人＋for help

3）　「ひっくり返して」＝upside down

4）　「傘に入る」は「傘を一緒に使う」と言い換えられるから，share が適当。

【4】

1）　・make＋人＋状態「(人)を(状態)にする」

2）　・alone＝by oneself「一人で」　　主語が The little boy「幼い少年」だから，by himself にする。

3）　上の文は「メアリーにとってこれが初めての外国旅行だ」という意味だから，下の文を「メアリーは外国へ行ったことがない」という文にする。abroad「外国へ」は前置詞 to が必要ない。

4）　上の文の how to study は「勉強する方法」だから，下の文を「どのように勉強すべきか」という文にする。know の後に how があるから，その後を〈主語＋助動詞＋動詞〉の語順にする。

【5】

1）　Sam decided to help other people in need. :「～する決心をする」＝decide to ～，「困っている○○」＝○○＋in need

2）　Mr. Brown has good reason to be proud of his son. :「～するのはもっともである」は「～する十分な理由がある」と言い換えられるから，have good reason to ～で表す。「～を自慢する」＝be proud of ～

3）　I'm sorry to say I can't take care of the sick. :「残念ながら～」＝I'm sorry to say (that)＋主語＋動詞，「～の世話をする」＝take care of ～，「病人」＝the sick（「～な人々」は〈the＋形容詞〉で表現することもある）

【6】

1）「あなたは私に何を買ってきてほしいですか？」と尋ねる文をつくる。「(人)に～してほしい」＝want＋人＋to ～　または「何か買ってきましょうか？」と申し出る文をつくってもよい。

2）「あなたがそれを気に入ってくれてうれしいです」という文をつくる。「～してうれしい」＝be glad/happy that＋主語＋動詞

【7】

1）〔【7】本文の要約〕参照。肯定文だから，something を使う。

2，3）　〔【7】本文の要約〕参照。

4）　第6段落は，筆者が日本人の友人の実家に来た時のことを想像した内容である。下線部③の2行上にある imagine を抜き出す。

5）〔【7】本文の要約〕参照。この文を，主語を「友人の母」にして答える。

6）〔【7】本文の要約〕参照。

7）　○は〔【7】本文の要約〕参照。ア「世界中の人々は感情を持ち，×それを同じように表現する」イ○「筆者の友人が実家に帰った時，筆者は彼とその母親の間に何かしらの感情的なやりとりを見なかった」ウ×「日本人は他の国の人々ほどお互いを思い合わない」　エ○「私達は，違う文化を持つ人々は感情の表現方法が違うことを理解するべきである」　オ「筆者は，友人がとても興奮して×何も言えなくなるだろうと思っていた」

　文化的な違いがあるとはいえ，私達はみな人間である。人間であるということは，感情を持つということである。友人といるときは喜びを感じる。愛する人の元を去らなければならないときは悲しみを感じる。危険が迫るときは恐れを感じる。そして不正を見つけると怒りを感じる。

　世界中の人々はみな幸せ，悲しみ，怒り，恐れを感じる。私達はみな同じ感情を持っている。

　感情を持つことと，それを表現するのは①別のことだ。2) 文化が違えば感情の扱い方も違う。感情を素直に表現する国もある。感情を見せたくない国もある。

　私は1979年に初めてこのことを実感した。当時，私は来日して神戸で働き始めたばかりだった。ａある日，私は日本人の友人から手紙をもらった。ｂ彼はカナダに留学していて，日本へ戻る準備をしていた。ｃ彼は，私が日本文化に興味があると知って，実家に招いてくれた。　私は彼との同行を嬉しく思い，日本で家庭生活を経験できるのを楽しみにしていた。

　ｄ私はカナダから長時間かけて飛行機で来た友人を空港で出迎えた。ｅそして，私達は一緒に彼の故郷まで電車で行った。5) 友人は1年以上，家族に会っていなかった。私は彼がどれほど強い感情を持っているかを想像しようとしていた。

　彼の家に着いたとき，私は笑い，喜び，うれし涙を流す感動的な再会を見られるだろうと思っていた。友人が興奮のあまり飛び跳ねる姿を想像した。彼の母親が彼を抱きしめてキスをして迎えるだろうと確信していた。私はこの感動的なイベントを見られることを幸運に思っていた！

　しかしながら，彼の母親がドアを開けると，すべてがいつも通りだった。友人は「ただいま(I'm home.)」と言った。母親は「お帰りなさい(Welcome back.)」と言った。ただそれだけだった。抱きしめもしないし，キスもしなければ，涙もない。感動もない。私は信じられなかった！

　彼らの振る舞いは，私には理解できなかった。友人は1年以上外国で暮らしていた。しかし彼らは彼が1時間近所の商店にＡ出掛けて，たった今Ｂ帰ってきたかのように振る舞っていた。7) イ私にはなぜ何の感情も表さないかわからなかった。彼らはロボットなのか？互いに何の感情もないのか？

　後日，私は友人にその奇妙な振る舞いについて尋ねた。彼は「日本では，他の人と一緒にいる時はあまり感情を表に出さないよ。日本社会で大人になることとは，感情をコントロールし，ｃ心の内に留めておくのを学ぶことなのさ。僕達にとっては君達西洋人が感情をすごく表に出す方が奇妙さ。幼い子どものように素直に笑ったり泣いたりするだろう。僕達にはそれを理解する方が難しいよ！」と言った。

　文化が違っても人が心の内に持つ感情は同じだ。ただ違う振る舞い方を教わるだけだ。7) エ異文化理解にあたり，最初に知るべきことは，私達は様々な振る舞いの裏に，共通の感情を持っているということである。

【８】

　　1)・…enough to ～「～するのに十分…だ」・last「長持ちする」・until ～「～まで(ずっと)」この文のjustは強調の意味である。直訳すると「私の服は次の大流行まで長持ちするのに十分丈夫に作られている」となる。

　　2)・so…that＋主語＋動詞「とても…だから～」・still「まだ」・pay money for ～「～にお金を払う」
・start ～ing「～し始める」・think about ～「～について考える」

　　3) 1　『1810年の家』は約200年間，存続している。　　　2　それは『1810年の家』と呼ばれる。1810 House の直前に前置詞がないことがヒント。　　　3　アーロンとメアリーには12人の子どもがいて，大家族だった。　　　4　次の家主となったヘンリー・リッチーはアーロンの10番目の子ども。　　　5　・go by
「(時が)過ぎる」　　　6　再建されはしなかったが，家には小さな変化があった。　　　7　1946年にイザ

ベル・キニーが亡くなると，もはや『1810 年の家』は家として<u>使われなくなった</u>。　　**8**　new の対義語
old が適当。

〔【8】本文の要約〕

　現在の私達の世界は，次々にあらゆるものを新しくする必要がある仕組みに基づいているようだ。私が買う電化製品は数年以上正常に動いていたためしがない。私の服は，次の大きな流行が来るまでなら何とか着られるように作られている。車の型がよく変わるので，自分の今の車のお金をまだ払っているのに，次の車を買うことを考え始める人もいる。私の地元では，家でさえ，私が帰省するたびに再建されている。10 年以上続くものを想像することは難しい。

　しかし，10 年以上続いている，私が子どもの頃からある古い家がある。オハイオ州ポーツマスにあるアーロン・キニーの家は長きにわたり存続している。それは『1810 年の家』として知られている。

　1804 年，アーロンとメアリーのキニー夫妻はペンシルベニア州からオハイオ州に引っ越してきた。彼らは 4 人の子どもとメアリーの父親と一緒だった。アーロンは土地を買い，すぐに天然の泉を探した。その後，彼は農場内に家族の家屋を建て始めた。名前から想像できる通り，2 階建ての家が 1810 年に完成した。

　キニー家はその後の 100 年間ずっと，様々な変化を経験した。まず，1816 年にメアリー・キニーの父親が亡くなったが，このことで家に人がいなくなったようには感じなかった。アーロンとメアリーには 12 人の子ども，5 人の男の子と 7 人の女の子がいたのだ。10 番目の子どもヘンリー・リッチー・キニーは成人すると，その家の主人になった。ヘンリー・リッチーとその妻はそこで 10 人の子どもを育てた。

　何年も経ち，南北戦争が始まって終わり，何世代ものキニー家の人々がその家で育ったが，『1810 年の家』はそのままだった。しかし，1913 年までに，家屋の周りに多くの家が建ち始めた。それはもはや農場内の家ではなくなった。それは新興都市の中にあるとても古い家になった。そのため，キニー家には変化が必要だった。彼らは家を再建したくはなかったのだが，玄関に新しいドア，窓，ポーチを作るだけにした。

　それ以来，建物は少しも変わっていない。そこに住む最後の代，イザベル・キニーは『1810 年の家』で暮らし，亡くなった。彼女は 1946 年に亡くなる前，家中のすべてを地元の教会に寄付した。残念だが，その都市でその家を使う人はおらず，かつて 14 人のキニー家の人々が暮らした家はそのままにされ，空き家となった。

　現在，地元の歴史学者のグループの保護の下，『1810 年の家』は博物館として役立っている。そこには最初のキニー家の所持品や世界中の歴史的なものが置かれている。家の中の多数のコレクションと家そのものがあるので，『1810 年の家』は真実の歴史の一部となった。すでにあるものを保存するのは時に良いことであると思う。すべてが新しくなる必要はない。

=== 《解答例》 ===

【1】〈問題1〉B．イ　D．エ　F．カ　〈問題2〉1）ウ　2）イ　〈問題3〉1）ウ　2）ウ　3）イ　4）ア

【2】1）far　2）came　3）another

【3】1）a．エ　b．オ　2）a．ア　b．エ　3）a．カ　b．エ

【4】1）get　2）leave　3）right

【5】①we are going to have a party〔別解〕we want to have a party

②tell me his favorite food〔別解〕think of a good present for him

【6】1）A．エ　B．ア　2）食べ物を食べる前に水で洗うこと　3）a．ク　b．イ　4）ウ　5）イ

6）ア，エ，ク

【7】1）A．エ　B．イ　2）ア　3）mean　4）D．イ　E．ウ　F．オ　G．ア

5）①third　②follow　③worry　④shorter　⑤lost　⑥either　⑦head(s)　⑧enter

=== 《解　説》 ===

【1】

〈問題1〉B　女性の2回目の発言 Meal B is a sandwich with soup.よりイが適当。

D　女性の4回目の発言 Meal D and E...and Meal D comes with soup.よりエが適当。

F　女性の3回目の発言 Meal F also comes with a salad and chicken.よりカが適当。

〈問題2〉1）「マイケルは何をしますか？」…男性の最後の発言 I will call her again around seven thirty.よりウが適当。

2）「彼らは駅に何時に到着予定ですか？」…男性の最後の発言 Let's take the express.より，彼らは急行で行く。男性の最初の発言より，普通列車に乗ると江南駅に到着するのは11時40分。女性の最後の発言より急行は普通列車よりも15分早く到着するからイが適当。

〈問題3〉〔問題3の本文の要約〕参照。1）「いつこのスピーチを聞きますか？」…「明日から英語の授業が始まります」より，アは不適。

2）「机の上のパンフレットには何が書かれていますか？」

3）「"選択プログラム"とは何ですか？」

4）「この文章によると，どれが正しいですか？」　ア○「土曜の午前中には美術館に行くプログラムを受けることができる」　イ「この2週間は劇場へ行く×機会はない」　ウ「土曜と×日曜に特別プログラムを選ぶことができる」　エ「×週に1度だけ午後に有名な場所に行くことができる」

〔問題3本文の要約〕

みなさんこんばんは。1）サニーイングランドでの，プリンス英語学校における夏のホームステイプログラムにようこそ。みなさんはよい空の旅をされ，昨夜はホームステイを楽しんだことと思います。

では，みなさんに重要事項をお話します。1）明日から英語の授業が始まります。みなさんの前の机の上にある2）パンフレットの最初のページを見ると，2週間に渡るイングリッシュプログラムの予定がありますね。ご覧の通り，毎日，午前中は英語のコミュニケーション授業，午後は選択の授業があります。2ページ目にある授業リストから勉強するものを選ぶことができます。また，4）週に3日は午後に，土曜日は終日，特別な

プログラムを受けてもらいます。例えば，英国の有名な場所への日帰り旅行，美術館やコンサートホールや劇場への外出などです。繰り返しますが，これらの3) 社会科プログラムは選択ですので，行きたければ1つでも全部でも，選ぶことができます。

　以上です。みなさんがこの2週間私達と一緒に楽しんでくだされればと思います。何か問題があれば，気軽に学生課の職員にお尋ねください。

【2】

1） 「どのくらい(距離)？」＝how far ~?

2） 「(考えが)浮かぶ」＝come to one's mind

3） 「～をもう1杯」＝another cup of ~

【3】

1） All the guests invited <u>to</u> the party <u>had</u> a good time.：〈過去分詞＋語句〉で直前の guests を修飾して「パーティーに招かれた客」を表す。　・have a good time「楽しい時間を過ごす」

2） Because it is <u>interesting</u> to <u>learn</u> new things from books.：・it is …to ~「～することは…だ」

3） When do I <u>have</u> to <u>finish</u> writing the report?：・have to ~「～しなければならない」・finish ~ing「～し終える」

【4】

1） ・get to＋場所「(場所)に着く」　・get well「(体調が)良くなる」

2） ・leave a message「メッセージを残す」　・leave for＋場所「(場所)に向けて出発する」

3） ・turn right「右折する」　・a right「権利」

【5】

① マイク宛のメール本文の4行目，Can I come to the party...?より，パーティーを開くことを伝える文が適当。ただし助動詞 will を使うと1語不足するので不適。

② 直後の Then I'll bring it to him.「そうしたら彼に<u>それ</u>を持って行くわ」より，ジョンにあげるものを相談する文が適当。

【6】

〔本文の要約〕参照。1） A　直後の2文から，エ「賢い」が適当。　　B　後に we can enjoy wonderful views とあり主語が the walk だから，ア「すばらしい」が適当。

2） 同文中のカンマの前を指す。it の内容を答える問題だから，「～(する)こと」の形でまとめる。

3） Everyone who <u>has</u> been to　the park <u>with</u> me finds that it is just amazing.「私とその公園に行ったことがある全ての人は，それが驚くべきものであることに気づく」という英文にする。

4） 〔本文の要約〕参照。持ち物をすべてロッカーに預けるように言われる理由が入る。直後の文から読み取る。

5） 関係代名詞の後だから，同文中の experience「経験」を説明する表現が入る。前後の文から，「そこを訪れるのは難しいがおすすめだ」の理由になる表現が適切。

6） 〔本文の要約〕参照。ア○「そこにいるサルが温泉に入ることを楽しむので，地獄谷は野猿公苑で有名だ」　イ「最寄りの駐車場から地獄谷野猿公苑まで×1時間以上かかる」　ウ「着く前にサルを見かけることがあるから，筆者は公苑まで歩いて行くのが×好きではない」　エ○「地獄谷野猿公苑では，観光客が自分のカメラでサルの写真を撮ることができる」　オ「1匹のサルが筆者の父親の×バッグを取ろうとしたができなかった」　カ「サルは温泉に入った後，×人間と同じくらい早く湯冷めする」　キ「×観光客はサルと一

緒に入浴はできないが温泉の外で一緒に遊ぶことができる」　ク〇「筆者はみんなに地獄谷野猿公苑を訪れてほしい」

〔本文の要約〕

　多くの日本人は風呂に入るのが好きで，よく温泉に出かけます。日本には多くの温泉があります。地獄谷は，日本人だけでなく外国人旅行者も好んで訪れる，最も有名な温泉のひとつです。なぜそんなに有名だと思いますか？「雪猿」がその答えです。

　6）ア地獄谷野猿公苑は，寒い冬の時期を公苑にある温泉に入って過ごす有名な「雪猿」によって，世界中でよく知られています。この興味深いサルについて書かれた新聞記事や収録されたビデオがたくさんあります。その公苑は長野市から北東に約１時間車で走ったところにあり，日本での私のお気に入りの場所のひとつです。

　地獄谷に生息するニホンザルは特別な動物です。彼らは他のどんなサルよりもはるかに北の寒い地域に住んでいます。また，このサル達は大変(A)賢いです。彼らは食べ物を食べる前に水で洗います。これはほとんどの動物がすることではありません。長い冬の間，楽しむために雪だるまを作るサルさえいます。

　私はこのサル達を観察するのが大好きです。友達や家族が日本に私を訪ねて来るとき，特に冬は，彼らを必ず長野の野猿公苑に連れていきます。私とその公園（公苑）に行った人は皆，とにかく驚きます。

　地獄谷野猿公苑に公共交通機関（電車やバス）で行くことは少々困難ですが，不可能ではありません。友達と私がその公苑に初めて行った時，私達は名古屋から長野まで電車に乗り，それからバスで公苑の近くの駐車場まで行きました。駐車場から公苑までは歩いて 45 分ほどですがその道のりは(B)すばらしいです。山とそのまわりのすばらしい景色を楽しむことができます。時には，公苑に着く前にサルを見られることもあります。

　公苑に入る前に，持ち物をすべてロッカーに預けるように言われます。③そこのサル達は，すきがあれば観光客のものを取ってしまうことで知られているからです。6）エたいていの観光客はカメラだけを持って公苑に入りますが，サルはそれさえも奪おうとすることがあります。私は実際それを目の当たりにしたことがあります。私の父は黄色い取っ手のついた小型のカメラを持っていて，サルがそれを奪おうとしたのです。幸いサルが諦め，父はカメラを奪われずにすみました。

　公苑の中にはとても多くのサルがいて，彼らの多くは温泉に入っています。普通観光客は温泉の辺りで立って見物しますが，温泉の外側にいるサルもいます。彼らは遊んだり食べたりくつろいだりしています。幸いにもサル達は，温泉に入っても人間ほど早く湯冷めしません。

　日本に住む人や日本を訪れる人にとって，地獄谷野猿公苑を訪れることは少し困難かもしれません。しかしそれは必ず，④簡単には忘れられない経験になります。ですから，6）クみなさんに，「雪猿」を見に行くことをおすすめします。

【7】

1）　〔本文の要約〕参照。　　A　直後の the cram school was very far... 「塾はとても遠く…」とカンマ後の he enjoyed the cram school 「塾を楽しんでいた」は不調和な内容だから though 「～けれど」が適当。

B　後の he had a wonderful teacher he liked very much 「大好きなすばらしい先生がいた」が，前の he enjoyed the cram school 「塾を楽しんでいた」の理由だから because 「～ので」が適当。

2）　直後の文から読み取る。

3）　その後，母親が「頭を使えば勝つことができる」について具体的に説明したから，タカシは相手の発言の意図がわからないときに聞き返す表現である What do you mean? 「どういうこと？」と訊いたとわかる。

4）D　直後に at があるからイが適当。・look at ～「～の方を見る」

E　直後に〈that＋主語＋動詞〉が続くから，see が適当。・see that＋主語＋動詞「～ことに気づく／～だとわかる」　　F・G〔本文の要約〕参照。　　5）〔会話の要約〕参照。

〔本文の要約〕

　タカシは千葉の小学6年生で，毎日放課後に家から1時間かかる東京の塾まで通っていた。塾はとても遠く，タカシは友だちと遊ぶ時間がほとんどなかった⒜が，大好きなすばらしい先生がいた⒝ので，塾を楽しんでいた。この若い先生はタカシをはげまし，褒め，そして何よりも大切なことなのだが，①タカシにひとつの大切な夢を与えた。先生はタカシに，もし一生懸命勉強すれば東京の有名中学校に入れると言った。タカシは毎日一生懸命勉強した。

　ある日タカシは学校から帰宅すると，母親に，タカシ以外のほとんどの児童は毎日運動会に向けて一生懸命練習していると言った。タカシも練習したかったが，塾に行かなくてはならなかったのでできなかった。タカシは運動会で一等賞を取りたかった。幼いタカシはとても悲しく感じた。母親はタカシに「どのレースに出たいの？」と訊いた。タカシは「100メートル走に出たいよ」と言った。レースについて話している時，タカシの母親はいい考えを思いついた。母親は「頭を使えば勝つことができるわよ」と言った。タカシは「どういうこと？」と言った。母親は答えた。「レースは環状のトラックでやるでしょう。だからスタートしたらできる限りトラックの内側に近い場所を確保するのよ。そうすれば一番短い距離を走ることになるから，レースに勝てるかもしれないわよ」彼女はトラックの図を描いて自分の考えを彼に見せた。

　レースの日が来た。100メートル走には8人の児童が参加した。そのうちの5人の児童は毎日練習していたが，タカシは塾に行かなければならなかったので練習できなかった。それでもタカシは母親のいいアイデアがレースに勝つ手助けになると感じていた。

　レースが始まった。最初タカシはトラックの内側に向かって走り，最もいい位置を取ることに成功した。数秒後彼は他の児童達より前に出た。タカシの母親は興奮しとても喜んでいた。彼女は大声で彼を応援した。彼女は夫の方を向き，嬉しくて何度も笑った。彼女がふり返って再びレース⒟を見た時，彼女は二人の児童が息子の前を走っているのに⒠気づきショックを受けた。その二人の児童は毎日トレーニングをしていて，後ろからタカシを抜かしたのだった。レースが終わった時，タカシは3位だった。

　タカシの母親はタカシに「なぜ最後までがんばらなかったの？」と尋ねた。タカシは答えた。「心と頭の中では僕は一番に⒡なりたくてできる限り速く走るように自分に言ったよ，でも脚がそれ以上速く⒢進まなかったんだ」タカシと母親は頭を使うことと勝ちたいと強く望むことはどちらも大切だが，毎日練習しトレーニングをすることの方が大切だということがわかった。

5）〔会話の要約〕

母　　：昨日はがんばったわね，タカシ。私はあなたに1等賞になってほしかったけど，①3位も立派よ。

タカシ：ちがうよ，母さん。僕はそう思わない。満足していないよ。母さんのアイデアはすばらしいと思ったから，助言に②従おうとしたんだ。勝てると確信してた。ごめんなさい，母さん。

母　　：③気にしなくていいわ。私が言ったことをまだ覚えている？

タカシ：もちろん。母さんは僕に，レースが始まったらすぐ内側へ行き，参加している他の男子④よりも短い距離を走るべきだと教えてくれたよ。最初はうまくいってたけど，他の2人は僕より走るのが速くて最後には⑤負けてしまったよ。できる限り速く走ろうとしたけど，あれ以上脚が動かなかった。信じられなかったよ。

(46)

母　　：私⑥も信じられなかったわ。でも，あなたにとってこれが最後のレースじゃないと思うの。中学校
　　　　でも運動会はあるわ。来年は勝てるといいわね。今，私達は勝つために一番大切なことがわかって
　　　　いるわ。毎日一生懸命に練習することは⑦頭を使うことよりも大切よ。

タカシ：わかってるよ，母さん。でも僕は練習をする前に，有名な中学に⑧入学するためにもっと一生懸命
　　　　勉強しないとね。あ，塾へ行く時間だ。

═══════════════ 《解答例》 ═══════════════

【1】〈問題1〉1）ア　　2）ウ　　3）イ　　4）ア

　　　〈問題2〉1）ア　　2）エ　　3）エ　　4）ウ

【2】1）エ　　2）イ　　3）ウ

【3】1）low　　2）sweet　　3）different

【4】1）large　　2）stay

【5】1）①エ　②ア　　2）①オ　②ウ

【6】①How long does it take (from here) to　the airport　　②Shall we get something to drink there

【7】1）(1)カ　(2)イ　(3)オ　(4)ウ　　2）[ア]led　[イ]watching　[ウ]change　[エ]moved

　　3）a cook　　4）not so difficult for me to understand most

　　5）この映画を通じて，子どもたちに人生について大切なことを教えたかった

　　6）Anyone can learn English.　　7）エ

【8】1）(1)ウ　(2)イ　(3)エ　(4)ア　　2）イ　　3）ア　　4）died　　5）[A]rose　[B]photo　[C]doll

　　6）イ　　7）①after　②injured　③difficult　④sell　⑤advice　⑥present

═══════════════ 《解　説》 ═══════════════

【1】

〈問題1〉1）　A も I'm going on a picnic with my family.と週末の予定を言ったから，ア「楽しんでね」が適当。

　2）　A が Can you help me?と尋ねたから，ウ「もちろん。問題ないよ」が適当。

　3）　A は図書館行きの7番バスの乗り場がどこか尋ねたから，イ「ちょうどここで乗れます」が適当。

　・catch a bus「バスに乗る」

　4）　宿題が終わってから郵便局に行くつもりだった B に，A が午後には雨が降ると言った。ア「わかった。今行くわ」が適当。

〈問題2〉1）　「Liz と彼女の母親は香港から上海までどのように行くつもりですか？」…Liz の2回目の発言より，船。

　2）　「Liz と彼女の母親は上海を出た後，何をしますか？」…Liz の4回目の発言より，韓国へ行く。

　3）　「Liz と彼女の母親は，この旅にいくらのお金が必要ですか？」…Liz の5回目の発言より，1人 $2800＝2人で $5600。

　4）　「James の昨夏の旅行で何が起こりましたか？」…James の6回目の発言より，ほとんどの乗客が病気になった。

【3】

　1）　「(値段が)安く」＝at a low price　　2）　「(花の香りが)よい」＝sweet

　3）　「別人のよう」＝「違うように見える(look different)」

【4】

1) ・at large「(危険な人物が)捕まっていない」

2) ・stay up late「遅くまで起きている」・during my stay「滞在中に」

【5】

1) Oil heaters were used <u>to keep</u> the house <u>warm</u> in the 1970s. ： ・keep A B「A を B(の状態)に保つ」

2) He has wanted to be <u>a symbol</u> of hope <u>to</u> millions of people. ： 主語と動詞の組み合わせ方に注意。

【6】

① 直後に Ken が「約 40 分」と答えたから，Jane は How long ~?と尋ねた。

・How long does it take to ~?「~へ(行くに)はどのくらい(時間が)かかるか？」

② のどが渇いた Jane はコーヒーショップを発見し，そこで飲み物を買おうと提案した。文末に?があるから Shall we ~?を使う。

【7】

1) (1) ・on ~ day「~な日に」　(2) ・be afraid of ~「~を恐れる」

(3) ・regard A as B「A を B だとみなす」　(4) ・by ~ing「~することによって」

2) [ア] ・lead A to B「A を B へと導く」物語の内容だから過去形で表す。lead-led-led

[イ] ・enjoy ~ing「~するのを楽しむ」 空欄直後の it は DVD を指すから watching が適当。

[ウ] 1 行上にある"Anyone can cook."は単語を少し<u>変える</u>ことで，1 行下の"Anyone can be a help."や"Anyone can make it."のようになる。　[エ] ・be moved「感動する」

3) 1 行上の Becoming a cook がヒント。

4) ・it is … for+人+to ~「(人)にとって~することは…だ」

5) ・want … to ~「…に~してほしい」it は this movie を指す。

6) 第 7 段落の最後で筆者が好きだと言った言い回しを書く。

7) エ「その映画の作者は子どもたちに，もし夢を諦めなければ，してみたいことを何でもするチャンスがあると伝えようとしている」…最終段落と一致。

〔本文の要約〕

　友人が私に「DVD を英語で見るのは英語を学ぶ良い方法だよ。もし英語が上手になりたければ，これを見てみたら？」と言って 1 枚の DVD を貸してくれた。私は先週の日曜日にそれを見て，いたく気に入った。

　それは 1 匹のねずみについての映画だった。彼は料理が好きで，Gusteau という有名なシェフのようなコックになりたいと思っていた。最初，彼はねずみだから，コックになることは夢のように思えたが，最終的に彼はそれになることができた。

　そのねずみは初め田舎に住んでいたが，嵐の日に家族と離れてしまった。彼は夢あふれる大都市パリにたどり着いた。彼が一人ぼっちの時，Gusteau が突然現れ彼に話しかけた。実際には，Gusteau はすでに死んでいたのでこの Gusteau は本当の人間ではなかった。しかし彼は Gusteau を全く怖がらなかった。彼は Gusteau の話をよく聞き，料理について話し合った。結局，Gusteau は彼を Gusteau's Restaurant へと連れて行った。

　ねずみはそのレストランで働いている若者に会った。その若者は料理が下手なので，解雇されるのを恐れていた。彼の望みは Gusteau の店でできるだけ長く働くことだった。不思議なことにねずみはその少年と意思疎通ができた。ねずみは若者の言葉を理解し，自分の考えていることを仕草で伝えることができた。彼らは良い友達になり，夢を分かち合った。

彼らはともに熱心に働き，そのレストランでおいしい料理を作った。しばらくすると，ねずみの助けもあり，若者はレストランで凄腕の料理人とみなされるようになった。彼らはうれしかった。ねずみは好きなだけ料理ができたし，若者はレストランで働き続けることができた。彼らのおかげでそのレストランはさらに評判が良くなった。2人の夢が実現したのだ。この DVD は心温まる，ハッピーエンドの話だった。私はそれをとても楽しんで見た。

この映画の登場人物はとても速く話すときもあったが，彼らの言葉や文のほとんどは理解するのが難しくなかった。今ならなぜ友人が私にそれを見るよう言ったかわかる。私はたくさんの英語を学んだという自信がついた。これからはできるだけ多くの DVD を英語で見るつもりだ。

私は話の中で何度も繰り返される言い回しがあることに気づいた。その中に「誰だって料理はできる。恐れざる者だけが偉大になれる」がある。この言い回しは最初に Gusteau が言い，その後何度も繰り返された。「誰だって料理はできる」と繰り返すことで，彼は人々が料理をするのを勇気づけたかったのだろう，たとえそれが料理の下手な人であっても。もしあなたがこの言い回しの言葉を変えれば，「誰だって助けになれる」や「誰だってできる」といった別の良い言い回しを作ることができる。私は「誰だって英語は学べる」という言い回しが好きだ。

この映画は主に子ども向けだが，映画の作者はそれを通じて，子どもたちに人生について大切なことを教えたかったのだろう。彼は，もし夢を叶えたかったら努力を続けなさいと子どもたちに言いたかったのだ。私の息子もそれを見て，将来プロ野球選手になるため熱心に野球の練習をしている。私？私も深く感動し，この DVD を見た後，「誰だって英語は学べる」と自分に言い聞かせ続けようと決めた。

【8】

1）(1)　・turn to ~「～の方を向く」　　(2)　空欄の後に疑問詞があるから asked が適当。

(3)　・show A B「A に B を見せる」　　(4)　・start to ~「～し始める」

2）　前文の has gone to be with God と下線部①の too から判断する。

3）　・get ~ out of my mind「頭から～を取り去る」＝「忘れる」

4）　下線部③の後に，筆者が葬式に行ったという描写があるから pass away は「亡くなる」という意味。第6段落の died を抜き出す。

5）　[A]は第5段落3行目から，[B]は第3段落2行目から，[C]は第2段落4行目から読み取る。

6）　英文全体から読み取る。少年が亡くなった母親と妹を思いやる気持ち(愛)の深さに作者は心を打たれている。

7）　〔英文の要約〕を参照。

〔本文の要約〕

Target と呼ばれるデパートの中を歩いていたら，店員が幼い少年にお金を返したのを見かけた。その子は8，9歳未満だった。店員は「ごめんなさいね。この人形を買うにはお金が足りないのよ」と言った。すると少年は隣にいたおばあさんの方を(1)向き，「おばあちゃん，僕がこの人形を買えるほどお金を持ってないと思った？」と言った。そのおばあさんは「お前も自分でその人形を買えるほどお金を持っていないとわかっていただろう」と言った。そして彼女は少年に5分だけ待つように頼み，もっと安い人形を探しに行った。彼女はすぐに行ってしまった。少年はまだその人形を手に持っていた。私は彼の元へ歩み寄り，誰にその人形をあげたいのか(2)尋ねた。「これは僕の妹が一番好きな人形で，クリスマスにとても欲しがっていたんだ。彼女はきっとサンタクロースが持ってきてくれるって信じてたんだ」　私は「サンタクロースはきっと彼女にそれを届けてくれるよ。心配しないで」と言った。

しかし彼は「違うよ，サンタクロースじゃ届けられないんだ。僕はまずそれをママに渡さないといけなくて，そうすれば妹に持って行けるんだ」と悲しそうに言った。そう言った彼の目はとても悲しそうだった。「妹は神様の元に行ってしまったんだ。ママももうすぐ神様の元に行ってしまうってパパが言ってて，それでママなら妹に人形を持って行けると思ったんだ」と言った。私は心臓が止まりそうになった。

　その男の子は私を見上げ，「僕はパパに，まだ行っちゃだめだってママに伝えてって言ったんだ。僕が店から戻るまで待ってもらいたいんだ」と言った。すると彼は自分がよく映っている写真を私に(3)見せた。彼は笑顔だった。そして彼は私に「ママに僕の写真を持って行って欲しいんだ。そうすればママは僕のことを忘れないよ」「僕はママが大好きで，行かないで欲しいけど，パパは，ママは妹と一緒にいないといけないって言うんだ」と言った。

　そして彼は悲しそうな目で，静かに人形を見つめた。私はすぐにポケットの中のお金に手を伸ばし，「もう一度お金を調べてごらん。その人形を買えるお金があるかもしれない」と少年に言った。彼は「わかった。そうだといいな」と言った。私は彼が目を離したすきに私のお金を加えた。そして私たちはお金を数え始めた。人形を買えるお金と，さらにもう少しお金があった。少年は「神様，僕にお金を与えてくださり，ありがとうございました」と言った。

　そして彼は私を見つめ，「昨日の夜，僕は寝る前にこの人形を買えるだけのお金をくれるよう神様にお願いしたんだ。ママが妹に渡せるように。神様は僕の願いを聞いてくださった！」と言った。「ママに白いバラを買うお金も欲しかったけど，神様に悪くてそんなにたくさんお願いできなかった。でも神様は人形も白いバラも買えるお金を与えてくださったよ」「ママは白いバラが大好きなんだ」　私はおばあさんが帰ってくるのを見ると買い物袋を持って店を出た。

　私はその少年のことが忘れられなかった。そして2日前の新聞記事を思い出した。酔ったトラック運転手が若い女性と幼い女の子をはねたという記事だ。女の子は即死し，母親は一命を取り留めたが昏睡状態から戻れないそうだ。家族は生命維持装置を使い続けるか，使うのを止めるか決断しなければならなかった。これはその少年の家族のことだろうか？

　私が少年に会ってから2日後，「若い女性が亡くなった」と，新聞で読んだ。私は白いバラを買って葬式に行かずにはいられなかった。人々はその若い女性の遺体を見て，最後の祈りをささげた。彼女は手に美しい白いバラを持ち，少年の写真と人形を胸に抱いていた。私はその場を離れた。そして私の人生が永遠に変わったように感じた。あの少年の母親と妹に対する愛は想像しがたいくらい深いものだった。

7）〔英文の要約〕

　僕はとても悲しい。とても寂しい。僕はママが大好きだった。妹が大好きだった。でも2人は突然，パパと僕から遠いところへ行ってしまった。

　2人はトラックにひかれた。妹はひかれた①後，すぐに死んだ。ママはひどい②けがをして，昏睡状態に陥った。生きるには生命維持装置が必要だった。

　妹はクリスマスに人形を欲しがっていて，サンタクロースにそれをお願いするつもりだった。妹はもういないからもらえなかった。僕は妹のために何ができるだろう？僕は人形を買って，ママに持って行ってもらうことにした。お医者さんはママが昏睡状態から戻るのはとても③難しいだろうと，残念そうに言った。僕はママが大好きで一緒にいたかったけど，妹のところに行かないといけないことはわかっていた。僕はパパに，僕が人形を買ってくるまで待つようママに伝えてって言った。僕はおばあちゃんと人形を買いに行った。Targetの店員さんは，お金が足りないからそれを④売れないと言った。それを買えないのはわかっていたけど。

　すると1人の男の人が来て，僕に⑤アドバイスしてくれた。彼はもう一度お金を調べた方がいいと言った。僕は人形を買えるだけのお金があって嬉しくなった！実は前の晩，僕は神様に，妹に人形を買えるだけのお金を与えてくださいとお願いしたんだ。神様が僕の願いを聞いて，助けてほしかった。神様は僕を助けてくれた。だから僕は「神様が僕に妹への最後の⑥プレゼントをあげるチャンスをくれたんだ」とつぶやいた。

═══════════════ 《解答例》 ═══════════════

【1】〈問題1〉(1)イ (2)ウ (3)エ (4)ア (5)ウ 〈問題2〉(1)イ (2)ア (3)エ (4)ウ

【2】(1)ア (2)イ (3)イ

【3】(1)most (2)taught (3)into (4)Thanks

【4】(1)①エ ②イ (2)①イ ②ウ (3)①オ ②ア

【5】I have been there only once.

【6】you should stay／something may fall down on you

【7】(1)A. called B. sold C. looking D. kept (2)エ (3)ウ (4)イ (5)ア

(6)子犬に時計の音を母親の心臓の音だと思わせたかったから。 (7)ウ，エ

【8】(1)ウ (2)彼が首をはねられたということ。 (3)tell a story that has no end (4)ウ (5)エ

(6)A．オ B．ウ

═══════════════ 《解 説》 ═══════════════

【1】

〈問題1〉(1) Mike がプレゼントをあげて，Jane が喜んでくれた。イ「気に入ってくれて嬉しいよ」が適当。

(2) 宿題がたくさんあるから断りたいが，母は風邪を引いた Linda を病院に連れて行くから Tom は買い物に行くことを了解した。ウ「本当？わかった。行くよ」が適当。

(3) 数ある外国語から日本語を選んだ理由を答える。エ「少し知っているし，日本出身の友人がいるから」が適当。

(4) 元気じゃなさそうな Kevin に昨夜はよく眠れたか尋ねた。ア「いえ，よく眠れなかったよ」が適当。

(5) テレビで見たお店に行けない理由を答える。ウ「今日は閉まっているの」が適当。

〈問題2〉(1) 「Fred と彼の母親は何をしていますか？」Fred が旅行の準備をしているときの会話。

(2) 「Fred は鍵を何のために使いますか？」母親の4回目の発言より，スーツケースに鍵をかけるため。

(3) 「Fred はどこに飛行機のチケットを持っていますか？」Fred の5回目の発言より，小さいカバンから出して，ポケットに入れた。

(4) 「Fred の母親は息子の旅に関してどう思っていますか？」母親の最後の発言より，ウ「心配している」が適当。

【3】

(1) delicious は2音節以上の形容詞だから最上級は the most delicious

(2) 「習わなかった」＝受け身「教わらなかった」と考える。・be+過去分詞「～される」

(3) ・be made into ～「～にされる」

(4) ・thanks to ～「～のおかげで」…この場合は皮肉な意味の感謝(＝非難)を表す。

【4】

(1) (I) don't practice so <u>much</u> as <u>before</u>.「以前ほどたくさん練習していません」・not so+形+as ～「～ほど形で

ない」

(2)　(Well, I) gave <u>them all</u> to a girl <u>fishing</u> beside me. 「横で釣りをしていた女の子に全部あげてきてしまったよ」・⑳+〜ing「〜している⑳」　　(3)　(It's) a tool <u>we</u> use <u>to</u> draw circles. 「私達が円を描くのに使う道具」

【5】

「行ったことがある」は現在完了〈経験〉を使って表す。〈have+過去分詞〉の語順。・only once「一度だけ」

【6】

絵には地震で物が落ちてきて人がテーブルの下に避難している様子が描かれている。「テーブルの下に避難すること」とその理由「物が落ちてくるから」ということを表す英文を書く。・You should〜「〜すべき」相手に助言する表現。should→had better→must(have to)の順で強制力が強い表現となる。

【7】

〔本文の要約〕

　　私は犬を飼いたくて両親にいつも頼んでいたが，いつも庭にフェンスが必要だと言われ，断られていた。私はあきらめなかった。昼食代の残りを貯金したり，レモンジュースを売ったりしてフェンスを建てるお金を集めようとした。あまりお金は集まらなかったが，努力が認められ，両親がフェンスを建ててくれた。

　　妹が犬アレルギーだったので，私は犬に関する情報をできるだけ集め，毛のくるくるした犬なら妹も大丈夫だと分かった。私の好きな犬は大型犬だったが，母の好きな犬は小型犬だった。母は私をたくさんの種類の犬を見に連れて行ってくれた。小さくて白くてふわふわで，まるで雲みたいなビション・フリーゼという犬が気に入った。母が望んだ雌の犬は2匹いた。その内の1匹を抱き上げると，犬はやかましく吠え，お母さんと一緒にいたいように思えた。この子犬は家族と離れて暮らすのは幸せではないのかと心配した。私は幸せそうな犬が欲しかった。私はもう1匹の犬を抱き上げたが，その犬は静かにしていた。そしてすぐに私に体を預けてきた。その子は私のことをお母さんと思っているようだった。それで私はその子を買うことにした。

　　それから数週間後，私たちはその子を家に連れて行った。Snugglesと名付けた。Snugglesも私も幸せだった。何をするにも一緒だった。トイレの躾ができていない内は，私も台所で寝た。寂しい思いをしないように毛布の下に時計を仕込んだ犬用のベッドも作った。私は寝る時にいつもSnugglesを犬用ベッドに入れ，私は寝袋に入るのだが，私が目覚めると寝袋の中にいるのである。何度犬用ベッドに連れて行っても，目覚めると私の寝袋にいるのだ。寝返りしてつぶしてしまわないか心配したが，そんなことはなく，その後13年以上も一番の友達だった。

(1)A　・call A B「AをBと呼ぶ」過去の出来事だから過去形。　　B　空欄の次の文に"I didn't make that much money…"とあるので，筆者は手作りレモン飲料を<u>売った</u>。　　C　筆者が母親と飼う犬を探している場面。直前が前置詞だから動名詞(〜ing)・look around〜「〜を見て回る」　　D　・keep 〜「〜を引き留めておく」

(2)　私は大型犬が欲しかったが，母は小型犬が好みだった。私はどうしても犬を飼いたかったので，小型犬じゃ嫌だとは言わなかった。

(3)　①以降の2文がヒント。小さくて白くて雲のようにふわふわの毛を持つウが適当。

(4)　②のher は筆者の抱き上げた雌の子犬を指す。

(5)　最初の犬は母犬と離すと<u>不幸</u>になってしまいそうだったが，2匹目の犬は，筆者が抱いても心地よさそう

だった。不幸と反対語のアが適当。　　(6)　③の次の文"It sounded ～"を日本語にする。

(7)　ウ．第4段落2行目と一致。　エ．第4段落第1文と一致。「数週間は母犬と過ごす必要があった」＝「その日は連れて帰れなかった」

【8】　　　　　　　　　　　　　　　　　〔本文の要約〕

　極東に，一日中椅子に座って話を聞く偉大な王がいた。王はどんなに長い物語でも聞き飽きることはなかった。王は言った。「お前の物語には欠点がある。それは短すぎることだ」

　世界中の物語作家たちが王宮に招かれ長い話をしたが，物語が終わる度に王は悲しい気持になった。ついに王は「永遠に続く物語を話した者を王女の夫とし，我が後継者としよう。しかし物語を続けられなくなったら首をはねてしまうぞ」と言った。

　多くの若者が美しい王女と結婚したがったが，首をはねられるのはいやだったので挑戦する者は少なかった。3カ月物語を続けた若者もいたが，それ以上続けられなくなり，首をはねられてしまった。

　ある日，南方から来た男が王宮を訪れ，物語を話し始めた。

　「昔々，あるところに1人の王がいました。彼は国中のコーンを収穫し，1つの倉庫に保存しました。しかしたくさんのイナゴが国に現われ，倉庫のコーンに目をつけました。そして1匹のイナゴがちょうど入れる大きさの穴を見つけました。1匹のイナゴが入り，コーンを1かけら運んでいきました。その後別のイナゴが入り，コーンを1かけら運んでいきました…」その物語は2年続いた。2年目の年の瀬に王が「どれくらい続くんだ？」と聞くと，男は「まだイナゴはまだ少ししか運んでいません。あとその何千倍ありますよ」と答えた。王は「もうたくさんだ。娘を妻とし，我が跡継ぎになれ。そのかわりイナゴの話はもう聞きたくない」と言いました。男は王の娘と結婚し，何年も幸せに過ごしました。しかし王はもう話を聞きたがらなくなってしまったそうな。

(1)　6～7行目より，王は終わりのない話を求めていた。今までの話は終わりのある話＝短すぎる

(2)　①の2行上"One young man ～ the king's word was not broken"を簡潔にまとめる。「王の約束」とは話を続けられないものの首をはねること。　　(3)　②の4行上 the man who can の後を文末まで抜き出す。

(4)　③の後，イナゴが1匹ずつ倉庫に入り，1かけらずつコーンを運んで行った描写があるので，ウが適当。

(5)　単調なイナゴの話ががまだまだ続くことを暗示させるエが適当。

(6)　Emi と Jim の会話の要約参照。A には蟻が水を飲めない状況となるできごと。B には A の状況を克服するできごとを選ぶ。

〔Emi と Jim の会話の要約〕

　Emi と Jim は【8】の物語を読んだ感想を話し，終わりのない話を作ることに挑戦した。Emi の話は「喉の渇いた蟻たちが飲み物を探していた。ついに蟻たちは池を見つけた。1匹の蟻が水を飲んだ。また別の蟻が水を飲んだ。また別の蟻が水を飲んだ…」というものだった。Jim は Emi の話を終わらせるため，「池の水が干上がってしまった」と言ったが，Emi は「翌日，雨が降って池は水でいっぱいになった」と言い，話を続けた。

■ ご使用にあたってのお願い・ご注意

（1）問題文等の非掲載

　著作権上の都合により，問題文や図表などの一部を掲載できない場合があります。

　誠に申し訳ございませんが，ご了承くださいますようお願いいたします。

（2）過去問における時事性

　過去問題集は，学習指導要領の改訂や社会状況の変化，新たな発見などにより，現在とは異なる表記や解説になっている場合があります。過去問の特性上，出題当時のままで出版していますので，あらかじめご了承ください。

（3）配点

　学校等から配点が公表されている場合は，記載しています。公表されていない場合は，記載していません。

　独自の予想配点は，出題者の意図と異なる場合があり，お客様が学習するうえで誤った判断をしてしまう恐れがあるため記載していません。

（4）無断複製等の禁止

　購入された個人のお客様が，ご家庭でご自身またはご家族の学習のためにコピーをすることは可能ですが，それ以外の目的でコピー，スキャン，転載（ブログ，ＳＮＳなどでの公開を含みます）などをすることは法律により禁止されています。学校や学習塾などで，児童生徒のためにコピーをして使用することも法律により禁止されています。

　ご不明な点や，違法な疑いのある行為を確認された場合は，弊社までご連絡ください。

（5）けがに注意

　この問題集は針を外して使用します。針を外すときは，けがをしないように注意してください。また，表紙カバーや問題用紙の端で手指を傷つけないように十分注意してください。

（6）正誤

　制作には万全を期しておりますが，万が一誤りなどがございましたら，弊社までご連絡ください。

　なお，誤りが判明した場合は，弊社ウェブサイトの「ご購入者様のページ」に掲載しておりますので，そちらもご確認ください。

■ お問い合わせ

　解答例，解説，印刷，製本など，問題集発行におけるすべての責任は弊社にあります。

　ご不明な点がございましたら，弊社ウェブサイトの「お問い合わせ」フォームよりご連絡ください。迅速に対応いたしますが，営業日の都合で回答に数日を要する場合があります。

　ご入力いただいたメールアドレス宛に自動返信メールをお送りしています。自動返信メールが届かない場合は，「よくある質問」の「メールの問い合わせに対し返信がありません。」の項目をご確認ください。

　また弊社営業日（平日）は，午前９時から午後５時まで，電話でのお問い合わせも受け付けています。

―2025 春

株式会社教英出版

〒422-8054　静岡県静岡市駿河区南安倍３丁目 12-28

TEL　054-288-2131　　FAX　054-288-2133

URL　https://kyoei-syuppan.net/

MAIL　siteform@kyoei-syuppan.net

2025　30 の 1　滝高７年分

平成 31 年度

数　学

（60分）

放送の合図があるまで、中を見てはいけません。

問題は 2 ページから 7 ページです。

♯教英出版　編集部　注
　編集の都合上、空白ページは省略しています。

滝高等学校　　　　　　　　　H

（注）答はすべて解答用紙に記入せよ。ただし，円周率は π とし，根号は小数に直さなくてよい。

1. 次の各問いに答えよ。

(1) $4x^2 + 4xy + y^2 - 16$ を因数分解せよ。

(2) 連立方程式 $\begin{cases} x + 2y = 1 \\ \dfrac{x}{3} - \dfrac{y}{2} = -1 \end{cases}$ を解け。

(3) 濃度 a ％の食塩水 300g と濃度 b ％の食塩水 200g を混ぜたら，濃度 c ％の食塩水になった。c を a, b を用いて表せ。

(4) 半径 a の円に内接する正十二角形の面積を，a を用いて表せ。

2. 図のように放物線 $y = \dfrac{1}{2}x^2$ と直線 $y = ax + b$ は 2 点 A, B で交わっている。2 点 A, B の x 座標は，それぞれ -2 と 4 である。このとき，次の各問いに答えよ。

(1) a, b の値を求めよ。

(2) 線分 AB と線分 AO の長さをそれぞれ求めよ。

(3) 線分 AB を 1 辺とする長方形 ABCD の面積が 36 となるとき，頂点 D の座標をすべて求めよ。

(4) 放物線上に点 A, B とは異なる点 P をとる。△PAB が PA $=$ PB の二等辺三角形となるとき，点 P の x 座標をすべて求めよ。

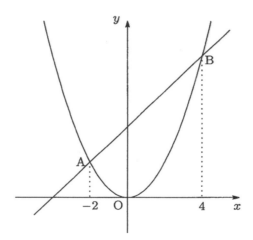

3. 立方体の 1 つの面に 2，もう 1 つの面に 3，それ以外の 4 つの面に 1 が書かれているサイコロがある。次の各問いに答えよ。

(1) このサイコロを 1 回投げたとき，1 が出る確率を求めよ。

(2) このサイコロを 2 回投げたとき，1 が 1 回，3 が 1 回出る確率を求めよ。

(3) このサイコロを 3 回投げたとき，1 が少なくとも 1 回出る確率を求めよ。

平成 31 年度

英 語

（60分）

放送の合図があるまで、中を見てはいけません。

問題は 2 ページから 9 ページです。

H

【1】次の〈問題１〉と〈問題２〉は放送による問題です。それぞれ、放送の指示に従って答えなさい。放送を聞きながらメモを取ってもかまいません。

〈問題１〉これから６つの会話と、それに関する質問が読まれます。それぞれの質問の答えとなる次の英文の（　）に入る適当な語を答えなさい。なお、（　）内に文字が与えられている場合は、その文字で始まる語を答えること。会話と質問は１度だけ読まれます。

(1) They are talking about the (w-　　　　).

(2) Ken left a (　　　　　) for Jennifer.

(3) They are talking about (r-　　　　).

(4) Tom wants to be a (　　　　　) in the future.

(5) Jiro is going to New York for (　　　　　).

(6) They are talking on a (　　　　　).

〈問題2〉 これから、ある物語が読まれます。それに関する(1)〜(4)の質問の答えとして最も
　　　　適当なものをア〜エの中からそれぞれ1つ選び、記号で答えなさい。物語は1度だけ
　　　　読まれます。

(1) What were Jack and Paul going to do on Sunday?
　　ア．Buy tennis rackets.
　　イ．Play tennis.
　　ウ．Eat lunch together.
　　エ．Play in the park.

(2) How long was Jack in the park?
　　ア．About one hour.
　　イ．About one and a half hours.
　　ウ．About two hours.
　　エ．About two and a half hours.

(3) Why didn't Jack answer the phone call from Paul?
　　ア．Because his mother advised him.
　　イ．Because his mother was busy.
　　ウ．Because he was angry.
　　エ．Because he was tired.

(4) What was the news that Frank gave Jack?
　　ア．Paul had an accident.
　　イ．Paul wanted to play tennis with Jack.
　　ウ．Paul wanted to meet Jack.
　　エ．Paul had to take care of his father.

【２】次の単語の最も強く発音される部分の位置が他の３つと異なるものを、ア～エの中から
それぞれ１つ選び、記号で答えよ。

(1) ア．pro-tect   イ．re-port   ウ．pass-port   エ．se-vere
(2) ア．ef-fort   イ．prod-uct   ウ．suf-fer   エ．per-cent
(3) ア．de-vel-op   イ．in-flu-ence   ウ．pro-gram-mer   エ．rec-og-nize
(4) ア．car-pen-ter   イ．de-li-cious   ウ．cel-e-brate   エ．gov-ern-ment

【３】次の会話文を、下の[   ]内の語(句)を並べかえて完成させるとき、文中の ① と
② の位置に来る語(句)を選び、それぞれ記号で答えよ。

(1)　A：What are those students doing on the street?
　　　B：They □─□─ ① ─□─□─ ② ─□.
　　　[ア．the street　イ．cans　ウ．to　エ．collecting　オ．clean　カ．are　キ．keep]

(2)　A：Have you □─ ① ─□─ ② ─□─□─□ a birth-
　　　day present?
　　　B：Well, I'm going to give her the seventh volume of the Harry Potter series.
　　　[ア．give　イ．daughter　ウ．what　エ．decided　オ．as　カ．your　キ．to]

(3)　A：Didn't I □─□─ ① ─□─□─ ② ─□? Don't
　　　you remember?
　　　B：Sorry.　I'll be careful from now on.
　　　[ア．you　イ．is speaking　ウ．while　エ．tell　オ．your teacher　カ．be quiet
　　　キ．to]

【４】次の会話文が自然な流れになるように、(   )に入る適当な語を答えよ。

(1)　A：Are you free next Saturday?
　　　B：No, I'll have to (   ) after my brother Joe.　After Mom comes back, I'll help
　　　her with the housework.
(2)　A：I have found a nice item but I am 3,000 yen short.　Could I ask you a (   )?
　　　B：No way.　Do you remember I lent you 2,000 yen three months ago?　You
　　　haven't paid me back.
(3)　A：Hello.　May I speak to Mr. White?
　　　B：Mr. White?　We don't have Mr. White here.　I'm afraid you have the (   )
　　　number.

【5】次の英文の下線部に文法的な誤りがあるものをア～ウの中からそれぞれ１つ選び、記号で答え、訂正せよ。

(1)　ア．Judy likes English the best <u>of</u> all the subjects.
　　　イ．This is the letter Emi <u>wrote</u> last night.
　　　ウ．Nara is one of the oldest <u>city</u> in Japan.

(2)　ア．<u>How</u> do you say *amanogawa* in English?
　　　イ．Your mother has been to China, <u>doesn't</u> she?
　　　ウ．Yesterday's game between the Giants and the Tigers was really <u>exciting</u>.

(3)　ア．Mary's husband has been <u>dead</u> for ten years.
　　　イ．Yuki showed me a doll <u>making</u> of paper.
　　　ウ．Let's go shopping <u>at</u> the department store, shall we?

【6】次の英文を読んで、留学生のジョンと日本人のケンタの会話が自然になるように、
　　　□□□□□□に５語以上の英語を補って英文を完成させよ。なお、I'm などの短縮形は１語
　　　として数え、コンマ(,)は語数に含まない。

　　Kenta is showing John a picture Kenta took two years ago.　He went to Kumamoto to work as a volunteer after a big earthquake happened.

　John ：　I can see the same kanji on the T-shirts you and the other members wear.
　　　　　　What does that mean?
　Kenta ：　It is the kanji for "kizuna" in Japanese, but I forgot the word for "kizuna" in
　　　　　　English.　By wearing this T-shirt, we can feel that □□□□□□ when there is a
　　　　　　problem.
　John ：　So, you mean "kizuna" is a bond or something like that?
　Kenta ：　Oh, now I finally remember the word.　That's right.

5

【7】次の英文を読んで、後の問いに答えよ。

One stormy night many years ago, an elderly man and his wife entered the lobby of a small hotel in Philadelphia, USA. To get out of the rain, the couple approached the front desk, hoping to find a room for the night.

"Could you give us a room here?" – the husband asked.

The clerk, a friendly man with a winning smile, looked at the couple and told them that there were three large meetings in town. "①All of our rooms are taken," the clerk said. "But I can't send a nice couple like you out into the rain late at night. Would you like [　A　] in my room? It's not a very good room, but it will help you relax for the night."

The couple said that they couldn't accept the offer, but the young man ②pressed on. "Don't worry about me. It's OK with me," the clerk told them.

So the couple agreed.

As the couple came to the front desk to check out the next morning, the elderly man said to the clerk, "③You are [ア who　イ of person　ウ of the best　エ the boss　オ be　カ should　キ the kind] hotel. Maybe someday I'll build one for you."

The clerk looked at them and smiled. The three of them had a good laugh. As the elderly couple drove away, the husband said to his wife, "These days, [　B　] people who are both friendly and helpful isn't easy, but the helpful clerk was indeed a nice person."

Two years [　C　]. The clerk had almost forgotten about that night when he received a letter from the old man. When he read the letter, he suddenly remembered that stormy night and in the envelope he also found a round-trip ticket to New York. The letter asked the young man to visit them.

The old man met him in New York, and [　D　] him to the corner of Fifth Avenue and 34th Street. He then pointed to a great new building there with watchtowers rising high into the sky.

"That," said the older man, "is the hotel I have just built for you to manage."

"You must be joking." – the young man said.

"④I'm sure I am not." – said the older man with a smile around his mouth.

The older man's name was William Waldorf-Astor, and that huge building was the original Waldorf-Astoria Hotel. The young clerk who became its first *manager was George C. Boldt. This young clerk never imagined ⑤the turn of events that would lead him to become the manager of one of the world's most famous hotels.

出典: https://academictips.org　The Hotel Clerk　（一部改変）

（注）manager：支配人、マネージャー

(6)　A man　　:　Excuse me.　How soon will we get to Los Angeles?

　　　A lady　　:　We are flying over Hawaii now, and it will take six more hours.　We'll arrive in Los Angeles 8 a.m. local time.

　　　A man　　:　Thank you very much.

　　　Question　:　Where are they talking?

〈問題2〉　これから、ある物語が読まれます。それに関する(1)～(4)の質問の答えとして最も適当なものをア～エの中からそれぞれ1つ選び、記号で答えなさい。物語は1度だけ読まれます。質問が問題冊子に書かれているので、今、読みなさい。

　　　では、始めます。

　　One day Jack said to Paul, "Let's play tennis next Sunday." "That sounds great. But I have never played tennis. I don't have a racket," said Paul. "That's all right. I'll teach you how to play tennis. I have two rackets. You can use mine," said Jack. They decided to meet in the park at two o'clock the next Sunday.

　　The Sunday came. Jack got to the park thirty minutes earlier. Paul was not there. He waited and waited. It was two thirty. But Paul still didn't come. "Am I waiting at the wrong place?" Jack thought. But it was the right place. It was three. Finally Jack got angry and left the park.

　　That evening Jack had a phone call from Paul, but he didn't answer the phone. Jack's mother said, "Jack, you didn't talk with Paul. What's the matter?" "I waited for him in the park for a long time, but he didn't come. I don't understand why he didn't call me this morning, if he didn't come today," Jack said to his mother. "Now I know why you are angry. But Paul is your best friend. You should talk with him tomorrow," his mother said.

　　The next day at school Paul came to Jack and said, "I'm sorry, Jack, but yesterday I..." "I don't want to talk with you," Jack said and went away. After that, they didn't talk to each other.

　　Two days later, Jack talked with his friend, Frank, after school. Frank said, "Paul doesn't look happy. He is still worrying about his father." "What are you talking about?" Jack said. "Last Sunday his father had a traffic accident and was taken to the hospital. I thought you knew that," he said. Jack was surprised to hear the news. He thought, "Maybe Paul wanted to tell me about it."

　　After talking to Frank, Jack went to Paul's house. He said to Paul, "I heard about your father from Frank. You had to take care of him at the hospital. So you couldn't come to the park. You tried to tell me about that. But I was angry and didn't listen to you. I'm very sorry." Paul said, "I'm sorry I didn't come last Sunday. Well, my father will come back home from the hospital tomorrow. He is getting better. Can you play tennis with me next Saturday?" Jack smiled and said, "Oh, sure. I'm glad you asked."

4.

(1)	(2)	(3)

5.

(1)	(2)	(3)	
	g	$x =$	$y =$

(4)(あ)		(4)(い)	
g以上	g未満	g以上	g未満

6.

(1)	
名称	体積

(2)
$S =$ $V =$

【6】

~ that (   )

when there is a problem.

【7】

(1)		(2)	A	B	C	D	(3)	

(4)	2番目	4番目	6番目	(5)	

(6)

ホテルのフロント係が ⬚⬚⬚⬚⬚⬚⬚⬚⬚⬚ 15

⬚⬚⬚⬚⬚⬚⬚⬚ が契機となって、彼が ⬚⬚⬚⬚⬚⬚⬚ 25

⬚⬚⬚⬚⬚⬚ 15 ⬚⬚⬚⬚⬚⬚⬚⬚ 25 こと。

(7)		

【8】

(1)	A	B	C

(2)	1		2		3	
	4		5		6	

(3)	

平成31年度　英語　解答用紙

H

※100点満点
（配点非公表）

【1】

〈問題1〉

(1)		(2)		(3)	
(4)		(5)		(6)	

〈問題2〉

(1)		(2)		(3)		(4)	

【2】

(1)		(2)		(3)		(4)	

【3】

(1)	①	②	(2)	①	②	(3)	①	②

【4】

(1)		(2)		(3)	

【5】

(1)	記号	訂正後	(2)	記号	訂正後

平成３１年度　数学　解答用紙

※100点満点
（配点非公表）

1.

(1)	(2)
	$x =$ 　　　　$y =$
(3)	(4)
$c =$	

2.

(1)	(2)
$a =$ 　　　$b =$	AB = 　　　AO =
(3)	(4)
	$x =$

3

(1)	(2)	(3)

リスニング原稿

〈問題１〉これから６つの会話と、それに関する質問が読まれます。それぞれの質問の答えとなる次の英文の（　　）に入る適当な語を答えなさい。なお、（　　）内に文字が与えられている場合は、その文字で始まる語を答えること。会話と質問は１度だけ読まれます。

(1)　　　John　：　Another rainy day!　I can't practice tennis again.

　　　Cathy　：　It's been raining for three days, but the TV news I watched this morning said that it would be a beautiful day tomorrow.

　　　John　：　I'm glad to hear that.

　　Question　：　What are they talking about?

※教英出版注
音声は，解答集の書籍ＩＤ番号を
教英出版ウェブサイトで入力して
聴くことができます。

(2)　　　Ken　：　Hello, Mrs. Brown.　May I speak to Jennifer, please?

　Mrs. Brown　：　Sorry, Ken.　She's out now.　She'll be back by three.

　　　Ken　：　OK.　Just tell her Nick's birthday party will start at six thirty.

　　Question　：　What did Ken do for Jennifer?

(3)　　　Nancy　：　I think they can work more quickly than we do.　We sometimes make mistakes, but they never do.

　　　Jack　：　Exactly.　They are machines, but some of them can talk like us. They'll be our good friends in the near future.

　　Question　：　What are they talking about?

(4)　　　Jane　：　You are really good at taking pictures, Tom.　Your pictures always impress me a lot.

　　　Tom　：　Thank you, Jane.　You know, there are many different kinds of wild animals in Canada, and I'd like to show them to people all over the world.　I hope I'll be able to make money by taking pictures.

　　Question　：　What does Tom want to be in the future?

(5)　　　Yumi　：　What are you going to do in New York, Jiro?

　　　Jiro　：　Well, I want to see the Statue of Liberty first, and then visit Central Park.　Oh, I want to try real American hamburgers, of course.

　　Question　：　What is the purpose of Jiro's visit to New York?

【放送原稿】

(1) 下線部①と意味が最も近いものをア～エの中から１つ選び、記号で答えよ。

 ア．There are a lot of hotels in this town.

 イ．We can't accept any more guests.

 ウ．We have to clean all our rooms.

 エ．No rooms are used today.

(2) | A | ～ | D | に入る最も適当なものをア～コの中からそれぞれ１つずつ選び、記号で答えよ。

 ア．passing イ．passed ウ．staying エ．to stay オ．to wonder

 カ．wondered キ．took ク．to take ケ．found コ．finding

(3) 下線部②はどういう行動または様子を表しているか。最も適当なものをア～カの中から１つ選び、記号で答えよ。

 ア．体を押しつけた   イ．後悔した   ウ．胸をなでおろした

 エ．腹を立てた   オ．強く勧めた   カ．床を踏みつけた

(4) 下線部③の[ ]内の語(句)を正しく並べかえて英文を完成させるとき、[ ]内で２番目、４番目、６番目に来る語(句)を記号で答えよ。

(5) 下線部④の not の後に省略されている１語を答えよ。

(6) 下線部⑤は、ホテルのフロント係のどのような行為が契機となって、彼（フロント係）がどうなったことを表すか。本文に即して解答欄の空所に、それぞれ１５～２５字の日本語で答えよ。ただし、句読点も字数に数える。

(7) 本文の内容と一致する英文をア～キの中から２つ選び、記号で答えよ。

 ア．There were three large meetings in the small hotel.

 イ．Because of the meetings, it was difficult for the old couple to find a hotel to stay at.

 ウ．The old man visited the town to find someone who could be the manager of his hotel.

 エ．The clerk's room was so small that the old couple couldn't relax.

 オ．There was a big surprise for the clerk when he met the old man in New York.

 カ．The clerk didn't want to become the first manager of the Waldolf-Astoria Hotel.

 キ．The old man was looking for someone who would give him a big present.

【8】次の英文を読んで、後の問いに答えよ。

In 2020, the Olympics will come to Tokyo. To prepare for the next Olympics, Japan is making many changes. There have been changes to the English *education system, university entrance exams, hotel and tourism industry and so on. Many other changes will happen in the next two years. Of these changes, one of the biggest that the government of Japan wants to make is to [　A　] before the start of the 2020 Olympics. Countries have started to make self-driving cars all over the world and, in some places, people have even started using self-driving cars on public roads. There are many problems that could happen with self-driving cars and some countries, such as Japan, do not have many rules for self-driving cars. But Japan wants more self-driving cars on the road before 2020, not only to help with the Olympics but to help with many other problems that Japan is *facing now.

During the Olympics, many people will visit Tokyo and take public transit such as taxis, buses and trains. To help with moving people around, many Japanese companies, such as Softbank and DeNA, have started making and testing self-driving buses. These buses that are planned to be ready by 2020 don't need a driver and can help Japan welcome the Olympic-level crowd that will arrive in Tokyo in 2020. To help companies making self-driving cars, the government of Japan has even started to [　B　].

But self-driving cars are not only here to help with the Tokyo Olympics. Many companies also think it can help with other problems Japan is facing. For example, *recently Japan Post has begun testing self-driving *delivery trucks. Delivery companies, such as Japan Post, are facing problems in finding more drivers and with more people shopping online, the number of packages is increasing. Having self-driving delivery trucks would help to solve this problem.

*Furthermore, some companies think that self-driving cars can also help with the problem of an aging Japanese population. Around Japan, there are fewer and fewer young people living in *rural areas. This leaves many older people alone in these areas. There are only a few buses or taxis in such areas, so many older people have difficulty when they go to important places such as banks and hospitals. To solve this problem, companies have begun testing self-driving buses in these rural areas too. Having self-driving buses in these areas would [　C　].

The Olympics have helped many countries to push themselves forward into a new age. When the Olympics were held in Tokyo in 1964, Japan first *introduced the Shinkansen to the world. In 1964, the Olympics helped to push Japan into a new age. Now with the 2020 Olympics coming, Japan hopes that it can lead the world into the new age of self-driving cars. And with it, the government hopes that it can help to solve some of the problems Japan is facing now and will face in the future.

（注）　education：教育　　　　face：〜に直面する　　　recently：最近　　delivery：配達
　　　　furthermore：さらに　　rural：田舎の　　　　　introduce：〜を披露する

(1) ［　A　］〜［　C　］に入る最も適当なものをア〜カの中からそれぞれ１つずつ選び、記号
　　で答えよ。
　　　　ア．lead the world to a better understanding of the Olympics
　　　　イ．help older people and could be life-saving
　　　　ウ．have more self-driving cars on the road
　　　　エ．find volunteers who can speak foreign languages
　　　　オ．increase the number of shops and hotels
　　　　カ．make a digital Tokyo road map for self-driving cars

(2) 本文の内容を参考にして、下の英文の（　　　）に入る適当な語を答えよ。ただし、それぞれ
　　文字が与えられているので、その文字で始まる語を答えること。
　　　　１．In 2020, Japan will become a (h-　　) country of the Olympics.
　　　　２．For the next Olympics, Japan is planning to start using cars (w-　　) drivers.
　　　　３．Now delivery companies don't have (e-　　) people who can drive their trucks.
　　　　４．In rural areas it is (h-　　) for many older people to go to banks or hospitals.
　　　　５．When the Olympics were held in Tokyo in 1964, Japan introduced the newest
　　　　　　(t-　　) to the world.
　　　　６．Self-driving cars are no (l-　　) a dream.

(3) 下線部の内容として最も適当なものをア〜エの中から１つ選び、記号で答えよ。
　　　　ア．Many countries have used the Olympics to show their power to the world.
　　　　イ．Many countries have used the Olympics to make their future better.
　　　　ウ．The Olympics have helped many countries to introduce different cultures.
　　　　エ．The Olympics have helped many countries to solve the problem of an aging
　　　　　　population.

問題は以上です。

4. 図のように四角形 ABCD が円 O に内接している。
   対角線 BD は中心 O を通り，∠CAB＝75°，∠ABC＝60°，AB＝$6\sqrt{3}$ である。次の各問いに答えよ。

(1) 線分 OB の長さを求めよ。

(2) 線分 AC の長さを求めよ。

(3) 四角形 ABCD の面積を求めよ。

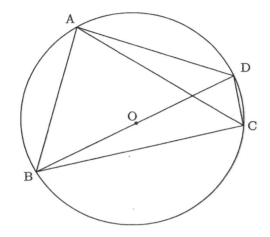

5. 下の表は，鮎釣り名人の A さんと B さんが 60 匹ずつ鮎を釣り，その重量を量って表にした
ものである。この表を見て，次の各問いに答えよ。

鮎の重量 (g) 以上 未満	A さん（匹）	B さん（匹）
50 ～ 70	6	5
70 ～ 90	7	5
90 ～ 110	x	9
110 ～ 130	y	10
130 ～ 150	9	14
150 ～ 170	11	13
170 ～ 190	9	4
合計	60	60

(1) A さんの 130g 以上 150g 未満の階級の相対度数を求めよ。

(2) 階級値を用いて B さんが釣った鮎の重量の平均値を求めよ。

(3) 階級値を用いて A さんが釣った鮎の重量の平均値を求めたところ，A さんと B さん
の平均値は全く同じであった。表の x と y の値を求めよ。

(4) (3) のとき，太郎君と花子さんは A さんと B さんを比べて，どちらが鮎釣り名人か
を考えた。
下線部 (あ)，(い) にあてはまる階級を求めよ。

太郎：　釣った鮎の重量の平均値は同じだけれど，一番重い 170 g 以上 190 g 未満の階級を
比べると A さんの方が圧倒的に多いので A さんの方が鮎釣り名人だと思う。

花子：　一番重い階級だけを見ればそうかもしれないけれど，全体を見てみたらどうか
しら。例えば，中央値を調べてみると，B さんの中央値は ＿＿＿＿(あ)＿＿＿＿ の
階級にある。それに対して A さんの中央値は ＿＿＿(い)＿＿＿ の階級にある
ので，一概に A さんの方が鮎釣り名人とは言い切れないと思うわ。

Ｋ 教英出版

6. 図のような1辺の長さが6の立方体 ABCD-EFGH がある。4点 B，D，E，G を頂点と する立体をアと呼ぶことにする。立体アについて，次の各問いに答えよ。

(1) 立体アの名称と体積を求めよ。

(2) 辺 BF 上に BP : PF = 1 : 2 となる点 P をとり，点 P を通り面 ABCD と平行な平面 で立体アを切る。このときの断面積 S を求めよ。また，それによってできた2つの 立体のうち，頂点 B を含む立体の体積 V を求めよ。

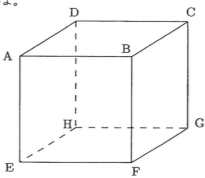

K 教英出版

平成30年度

数学

（60分）

放送の合図があるまで、中を見てはいけません。

問題は2ページから7ページです。

♯教英出版　編集部　注
　編集の都合上、空白ページは省略しています。

滝高等学校

H

(注)　答はすべて解答用紙に記入せよ。ただし，円周率は π とし，根号は小数に直さなく
てよい。

1.　次の各問いに答えよ。

(1)　$x^3y - 4xy^3$ を因数分解せよ。

(2)　$(x-2)(x-4) = 6$ を解け。

(3)　1g，2g，3g の3種類の分銅を用いて，ちょうど7gのものをはかるとき，分銅の個
数の組み合わせは何通りあるか。ただし，十分に分銅はあり，使わない分銅があっ
てもよいものとする。

(4)　次は，夏休み中に図書館で1冊以上本を借りた7人の生徒が借りた本の冊数のデー
タである。a の値がわからないとき，次の ① から ④ のうち，正しいものをすべて
選べ。

$$9 , 3 , 7 , 4 , 16 , a , 10$$

①　中央値になりうるのは，7と9のみである。
②　このデータの平均値は7になりうる。
③　10は最頻値になりうる。
④　データの範囲は12になりえない。

2

2. 　ある店の客数を1月，2月，3月の3カ月間にわたって調べた。2月の客数について，男性の客数は1月より10％減少し，女性の客数は1月より10％増加し，全体としては1月より1％減少した。また，3月の客数は2月の客数より2割増加した。2月の客数が1月の客数より30人減少したとして，次の各問いに答えよ。

　(1)　3月の客数を求めよ。

　(2)　2月の女性の客数を求めよ。

3. 図のように，放物線 $y = ax^2$ $(a > 0)$ と直線 $y = x + 4$ が2点A，Bで交わっている。ただし，点Aの x 座標は点Bの x 座標より小さいものとする。直線OBの傾きが2であるとき，次の各問いに答えよ。

(1) a の値を求めよ。

(2) 点Aを通る直線が△OABの面積を3:1に分けるとき，その直線の式をすべて求めよ。

(3) 直線 $y = x + 4$ と y 軸との交点をCとする。点Cを通る直線が△OABの面積を2等分するとき，その直線の式を求めよ。

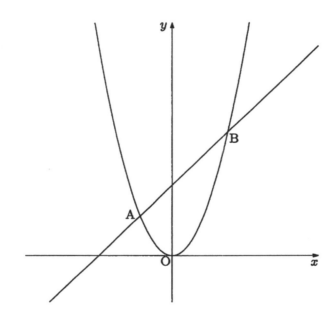

4

平成30年度

英語

（60分）

放送の合図があるまで、中を見てはいけません。

問題は2ページから11ページです。

H

【1】 次の＜問題１＞と＜問題２＞は放送による問題です。それぞれ、放送の指示に従って答えなさい。放送を聞きながらメモを取ってもかまいません。

＜問題１＞ これから読まれる(1)～(6)の会話を聞いて、最後の文に対する応答として最も適当なものをア～エの中からそれぞれ１つ選び、記号で答えなさい。なお、英文は１度しか読まれません。

(1) ア．This is my favorite show.
 イ．Go and do your homework.
 ウ．You can watch TV.
 エ．But the show was over.

(2) ア．I take good care of it.
 イ．Yes, it is.　But it still looks good.
 ウ．I have a Toyota.
 エ．Oh, yes.　I wash it once a week.

(3) ア．I think there's one on the dining table.
 イ．I already looked there.
 ウ．Yes, but it's expensive.
 エ．Tomorrow I'm going to send this letter.

(4) ア．I don't know that boy with purple hair.
 イ．Not really.　All of my students try to understand my class.
 ウ．Quite a lot.　Many of my students feel that way.
 エ．I can't believe that so many students speak more than three languages.

(5) ア．I know, but we have lots of time.
 イ．It's okay.　I'm a good driver.
 ウ．Look at this traffic.　The cars aren't moving an inch.
 エ．Okay, we can kill two birds with one stone.

(6) ア．Doctors are busy these days.
 イ．I'll wait until you think of a good idea.
 ウ．Who said there was a problem with me?
 エ．Maybe it'll go away after a while.

<問題２＞　これから、あるレンタルビデオショップでの店員と客の会話を聞きます。以下の
　　　　　(1)〜(4)の質問の答えとして最も適当なものを、ア〜エの中からそれぞれ１つ選び、
　　　　　記号で答えなさい。英文は２度読まれます。

(1) How much do you have to pay to get a membership card?
　　ア．For free.　　イ．$1.00.　　ウ．$2.00.　　エ．$3.50.

(2) How much do new movies cost to rent?
　　ア．$2.00.　　イ．$3.50.　　ウ．$5.00.　　エ．$7.50.

(3) How many movies did the man rent?
　　ア．Three.　　イ．Four.　　ウ．Five.　　エ．Six.

(4) According to the conversation, which is true?
　　ア．The customer rented action movies for his wife.
　　イ．You can rent seven movies at a time.
　　ウ．You can rent five old movies for five dollars now.
　　エ．The customer will have to return the movies by Thursday morning.

【2】次の単語の下線部と同じ発音を含む語を、ア～エの中からそれぞれ１つ選び、記号で答えよ。

(1) look<u>ed</u>　〔　ア．wait<u>ed</u>　　イ．listen<u>ed</u>　　　ウ．stopp<u>ed</u>　　エ．play<u>ed</u>　　　〕

(2) ma<u>ch</u>ine〔　ア．<u>ch</u>arity　　イ．<u>ch</u>orus　　　ウ．<u>ch</u>aracter　エ．<u>ch</u>ef　　　　〕

(3) br<u>ea</u>k　〔　ア．t<u>ea</u>ch　　イ．d<u>a</u>ngerous　ウ．spr<u>ea</u>d　　エ．s<u>ay</u>s　　　　〕

(4) di<u>s</u>ease〔　ア．ca<u>s</u>tle　　イ．di<u>s</u>cover　　ウ．clo<u>s</u>ely　　エ．amu<u>s</u>ement〕

【3】次の日本文を参考にして、（　　）に入る適当な語を答えよ。

(1) これは島と本土を結ぶ橋です。

   This is a bridge (　　　) the island and the mainland.

(2) 太陽は東から昇る。

   The sun rises (　　　) the east.

(3) あなたが何を言いたいのかわかりません。

   I don't know what you (　　　).

(4) 別に私はどっちでもいいですよ。

   It wouldn't make any (　　　) to me.

(5) 会いに来てくれてありがとう。 ― どういたしまして。

   Thank you for coming to meet us. ― It's my (　　　).

【4】次の日本文の意味に合うように、□□□□内の語(句)を用いて英文を完成させるとき、文中の ① と ② の位置に来る語(句)を選び、それぞれ記号で答えよ。

(1) あなたはどうやってそのようなよい考えを思いついたのですか。

   How □─□─□─①─□─□─②─□ idea?

   ┌─────────────────────────────────┐
   │ ア．come　　イ．such　　ウ．you　　エ．with │
   │ オ．a　　　カ．good　　キ．did　　ク．up │
   └─────────────────────────────────┘

(2) 私はここから名古屋駅まで歩いてどれくらいかかるかわかりません。

   I don't know □─□─①─□─□─②─□─□ to

   Nagoya Station.

   ┌─────────────────────────────────┐
   │ ア．how　　イ．walk　　ウ．takes　　エ．here │
   │ オ．to　　　カ．it　　　キ．long　　ク．from │
   └─────────────────────────────────┘

(3) 高校の時の友人数人といまだに連絡を取っています。

I 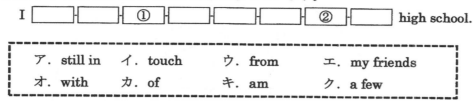 high school.

```
┌─────────────────────────────────────────────────────┐
│ ア．still in   イ．touch     ウ．from     エ．my friends │
│ オ．with       カ．of        キ．am       ク．a few      │
└─────────────────────────────────────────────────────┘
```

【5】次の会話が成り立つように、（　　）に入る適当な語を答えよ。

Teacher : Today, let's talk （ 1 ） foreign visitors to Japan. Look at this figure. Takeshi, what do you think?

Takeshi : Let's see... I think the （ 2 ） of foreign visitors is （ 3 ）.

Teacher : That's right. In 2020, the Tokyo Olympics will be held, so more foreign visitors will come to Japan. By the way, Mayuko, why does Japan （ 4 ） so many visitors?

Mayuko : Umm... I think it is because there is a lot of delicious Japanese food like sushi.

Teacher : Oh, I see.

訪日外国人旅行者数

日本政府観光局(JNTO) 『訪日外客数(年表)』より作成

【6】下の絵の状況を説明する英文を、書き出しに続けて完成させよ。ただし、英文は1文とする。

財布
wallet

police officer　　Taro

Taro is _____.

<問題２> これから、あるレンタルビデオショップでの店員と客の会話を聞きます。以下の
(1)～(4)の質問の答えとして最も適当なものを、ア～エの中からそれぞれ１つ選び、
記号で答えなさい。英文は２度読まれます。

Store Employee	:	Hi. May I help you?
Customer	:	Yeah. I'd like to rent these movies.
Store Employee	:	Uh, action movies!
Customer	:	Well. They're for my daughter.
Store Employee	:	Right. It's okay. Do you have your membership card?
Customer	:	No, I don't. Uh, do I need one to rent videos here?
Store Employee	:	Yes.
Customer	:	Do I have to pay for the card?
Store Employee	:	No, it's free. It's just a card to help us keep information about video rentals. So, please fill out this membership form.
Customer	:	Okay, and how much are movie rentals anyway?
Store Employee	:	Well, new movies are $3.50 *[Okay.]*, and all other movies are $2.00 *[Uh, huh.]*, and you can rent six movies at a time. *[Okay.]* We also have a special deal. You can rent five movies for $5.00 *[Hum.]*, but the five movies you rent have to be old ones.
Customer	:	Oh, well, I'll just take these tonight.
Store Employee	:	Okay, let's see... your total comes to seven dollars and fifty cents.
Customer	:	And when do I need to return them?
Store Employee	:	They have to be returned the day after tomorrow, on Thursday by ten o'clock PM.
Customer	:	Okay.
Store Employee	:	And late fees are the same as rental fees, so be sure to return them on time. Enjoy your action movies.
Customer	:	Okay. Thanks.

http://www.esl-lab.com/rent/rentsc1.htm (一部改変)

Store Employee	:	Hi. May I help you?
Customer	:	Yeah. I'd like to rent these movies.
Store Employee	:	Oh, action movies!
Customer	:	Well. They're for my daughters.
Store Employee	:	Right. It's okay. Do you have a membership card?
Customer	:	No, I don't. Uh, do I need one to rent these here?
Store Employee	:	Yes.
Customer	:	Do I have to pay for the card?
Store Employee	:	No, it's free. It's just a need to help us keep info about short video rentals. So please fill out this form when it's here.
Customer	:	Okay, and how much are the new movies anyway?
Store Employee	:	Well, new movies are $3.50 /Oh yeah, and all ... their videos are $2.50 /Oh. And I see you can rent six movies at a time. /Plus ... We also have a special deal. You can rent five movies for $10.00 if you let the five movies you rent have to be old ones.
Customer	:	Oh, well. I'll just take these tonight.
Store Employee	:	Okay, let's see... your total comes to seven dollars and fifty cents.
Customer	:	And when do I need to return them?
Store Employee	:	They have to be returned the day after tomorrow, um, before ten o'clock P.M.
Customer	:	Okay.
Store Employee	:	And late fees are... the same as rental fees so be sure to return them on time. Enjoy your action movies.
Customer	:	Okay. Thanks.

http://www.eslfast.com/robot/mp3/ai.mp3（一部改変）

4.

(1)	(2)	(3)

5.

(1)	(2)	(3)
cm	cm	cm

6.

(1)	(2)	(4)
		倍

(3)
【証明】

(1)		(2)		(3)		(4)	

【6】

Taro is (
).

【7】

(1)	A		B		C		D	

(2)	he couldn't (	).

(3)															

30

(4)		(5)		(6)	

【8】

(1)	

(2)	A		B		C		D		E		F	

(3)	

平成３０年度　英語　解答用紙

H

受　験　番　号

※100 点満点
（配点非公表）

【1】

＜問題１＞

(1)		(2)		(3)		(4)		(5)		(6)	

＜問題２＞

(1)		(2)		(3)		(4)	

【2】

(1)		(2)		(3)		(4)	

【3】

(1)		(2)		(3)	
(4)		(5)			

【4】

(1)	①	②	(2)	①	②	(3)	①	②

平成30年度　数学　解答用紙　　　　H

1.

(1)	(2)
	$x =$

(3)	(4)
通り	

受　験　番　号

※100 点満点
（配点非公表）

2.

(1)	(2)
人	人

3.

(1)	(2)
$a =$	

(3)

リスニング原稿

<問題１>　これから読まれる(1)～(6)の会話を聞いて、最後の文に対する応答として最も適当なものをア～エの中からそれぞれ１つ選び、記号で答えなさい。なお、英文は１度しか読まれません。

(1)　A：　Have you done your homework?

　　　B：　Not yet.

　　　A：　Then why are you watching TV?

(2)　A：　Do you have a car?

　　　B：　Yes, I do.

　　　A：　What kind of car do you have?

(3)　A：　Where's the paper knife?

　　　B：　Which one?

　　　A：　Any one.　I need to open this letter.

(4)　A：　How do you like teaching at the international school?

　　　B：　It's interesting to see people from different cultures studying together.

　　　A：　Do you find it difficult to teach them?

(5)　A：　Slow down.　You are driving too fast.

　　　B：　If we don't hurry, we'll be late for the concert.

　　　A：　But if we have an accident, we'll miss the concert.

(6)　A：　I have a bad headache.

　　　B：　Are you stressed?

　　　A：　No.　I got a good score on the exam and had a good sleep last night.

※教英出版注
音声は，解答集の書籍ＩＤ番号を
教英出版ウェブサイトで入力して
聴くことができます。

このあとも問題が続きます。

【7】次の英文を読んで、後の問いに答えよ。

Blair didn't like staying home all day. So he decided to go out more. Sometimes it seemed like he was in his house all day long. He had recently thought of a perfect way to solve his problem. It was to go to the coffeehouse nearby every day. He could (A) drinking 45 kinds of coffee and tea there. He liked it because the coffee was good and it was not so crowded.

One day he went to the coffeehouse. The coffeehouse was only a 10-minute walk from Blair's house. There were three *female customers there. They were not young or pretty. Blair was a little *disappointed. He liked to see good-looking women while he was drinking good coffee.

He ordered a large "coffee of the day." It was $1.70. He gave the clerk two dollars. He received the (B) and took his coffee to the outside *patio. Blair liked to drink outside. That way he could watch the traffic on the street. He liked to try to (C) British motorbikes and old cars.

He sat at a table under an umbrella, opened his book, and began reading it. He had been reading it for about two years, but ①he couldn't (_____). Then a woman came near the patio. He looked up and saw her. She was really beautiful, Blair thought. And she was by herself. He returned to his book as she passed by him. Blair was looking at the pages, but his (D) was on the woman.

A few minutes later, the woman came outside holding a cup of coffee and sat at the table next to his. Her chair was so near to his that he could almost touch her right shoulder. There were four other *empty tables on the patio. Why did she sit at this one, so near to him? ②Was she hoping that he would make a move?

Blair went back to his book. But he wasn't reading the words; he was thinking about the woman. What could he say to her? How could he ③break the ice? What was a good line? "What kind of coffee are you drinking?" "Your *perfume smells nice." "Weren't we in the same art class?"

Maybe she wasn't interested in him at all. Maybe she just wanted to sit and drink in peace. But then why did she sit here? His head was spinning. He must say something to her.

Just then, her cell phone rang. She answered it, then laughed, then started talking happily. That would be her boyfriend, Blair thought.

④(a) just (b) she answered the phone, he stopped thinking of such a thing, (c) she was speaking another language. Blair didn't understand her language. He gave up trying to speak to her. He went back to his book and his coffee. The coffee tasted good.

出典：http://www.rong-chang.com/qa2/extra/extra041.htm （一部改変）

(注) female：女性の　　　　　disappointed：失望して　　　　patio：テラス
　　　empty：空いている　　　perfume：香水

(1)（　A　）～（　D　）に入る最も適当なものをア～キの中からそれぞれ１つずつ選び、記号で答えよ。

　　ア．find　　イ．learn　　ウ．enjoy　　エ．make　　オ．change

　　カ．help　　キ．mind

(2) 下線部①が「彼はその本の中に役に立つものは何も見つけられなかった。」という意味になるように、（　　　　）に適当な語句を入れて、英文を完成させよ。

(3) 下線部②のように Blair が思ったのはなぜか、３０字以内の日本語で答えよ。ただし、句読点も字数に数える。

(4) 下線部③の意味として最も適当なものをア～エの中から１つ選び、記号で答えよ。

　　ア．話を切り出す　　　イ．氷を溶かす　　ウ．関係を修復する　　エ．愛情を伝える

(5) 下線部④の（　a　）～（　c　）に入る語の組み合わせとして最も適当なものをア～カの中から１つ選び、記号で答えよ。

	（　a　）	（　b　）	（　c　）
ア．	Because	after	but
イ．	Because	but	after
ウ．	After	because	but
エ．	After	but	because
オ．	But	after	because
カ．	But	because	after

(6) 本文の内容と一致する英文をア～カの中から２つ選び、記号で答えよ。

　　ア．Blair decided to go to a coffeehouse every day to change his lifestyle for the better.

　　イ．Blair liked to read a book on motorbikes and old cars because he found it was interesting.

　　ウ．Blair ordered a cup of coffee and asked the clerk to take it to the outside patio.

　　エ．When Blair was reading his book, one very beautiful woman came and sat at his table.

　　オ．Blair wasn't sure that the woman was interested in him, but he wanted to talk to her.

　　カ．Blair was disappointed with the woman because he found that she had a lot of boyfriends.

【8】次の英文を読んで、後の問いに答えよ。

(　　　　　　) different kinds of plants and animals are there on Earth?

Scientists have tried to find the answer to this question for a long time.　Right now, we have found about 2,500,000 different plants and animals.　These living things are called *species.　Many people think that we have found and studied all the species on Earth, but that is not true.　| A |　Some scientists think the total number of species on Earth could be between 8,000,000 and 10,000,000.　That is very surprising.　It means we only know about 30% of the animals and plants living on our planet right now.　There are also many species, not living on Earth anymore, that we have not discovered yet, such as dinosaurs.　Species that no longer live on Earth are called extinct species.　Every year scientists discover thousands of new species.　In 2014, 18,000 new species were found.　| B |　Other new species that they discovered were extinct dinosaurs or other animals that lived on Earth a long time ago.

There are many reasons for why we do not know all of Earth's plants and animals.　| C |　However, there are many places on Earth that are hard to get to.　The ocean is very big and difficult to travel through.　①Some scientists think we have found only about 10% of ocean species.　②Another place that is difficult to search is the tropical rain forest.　There are many species in the tropical rain forest that live high up in the trees.　③These species may be in danger if we don't try to protect them.　People need climbing ropes to climb trees that are 30 meters tall.　④It can be dangerous but necessary because there are many animals that never leave the tops of the trees.　There are also many different kinds of trees in the rain forest and each tree may have different *insects.　There can be 100 different kinds of trees in one *hectare of rain forest.　Each tree can have different plants and insects that live on it.　The rain forest is a very busy place that is difficult to understand and there are many species there that could still be discovered.　| D |　In fact, a new species of frog was found in New York City in 2012!

It will be important for people to continue looking for new plants and animals in the future.　| E |　Because of this, many plants and animals are becoming extinct.　People have found important medicines and food in nature, so it is important to continue searching for new species.　Avocados, pineapples, bananas, grapefruits, ginger, and tomatoes are just a few examples of foods we have found in the forest.　Forests and oceans have a lot of important things for people and millions of new species are waiting to be discovered.　| F |　If you are interested in finding new species, there is a lot of work to do!

(注)　species : (動植物分類上の)種　　　　　insect : 虫、昆虫
　　　hectare : ヘクタール(面積の単位)

(1) 本文中の(　　　)に入る適当な語(句)を答えよ。答えは１語とは限らない。

(2) 本文中の 　A　 〜 　F　 に入る最も適当な英文をそれぞれア〜キの中から１つず
つ選び、記号で答えよ。

　ア．For this reason, people must keep these places healthy and safe.

　イ．But new species are also discovered in places many people live in.

　ウ．Scientists are now trying to bring these animals back to nature.

　エ．Some of these live in the ocean or on land.

　オ．Usually, species that are easy to see are easy to find.

　カ．There are a lot more that we have not found yet.

　キ．Human population is growing very fast and people are changing forests into
　　　cities and farms.

(3) 本文中の下線部①〜④の英文のうち、文の流れを自然にするために取り除いた方がよい文が
　１つある。取り除く文として最も適当なものを選び、番号で答えよ。

問題は以上です。

11

4. 図のように，四角形 ABCD は AB = 1，AD = 3 の長方形である。また，△DBE は ∠BED = 90° の直角二等辺三角形である。辺 BC と辺 DE の交点を F とするとき，次の各問いに答えよ。

(1) BE の長さを求めよ。

(2) △DBF の面積を求めよ。

(3) EC の長さを求めよ。

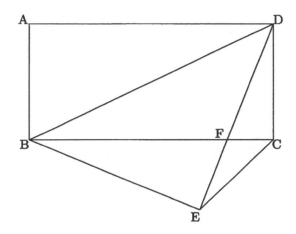

5. 図1は水平な地面に真っ直ぐ立っている4つの壁に囲まれた長方形の形をした場所を上から見たものである。壁の長さはAB = 80cm，BC = 50cmであった。地点Xに置いた球を何回か壁で跳ね返らせて，地点Yに到達させることを考える。壁での跳ね返りは図2のように入射角と反射角が等しくなるように跳ね返るものとする。また，跳ね返り以外では球は必ず直進するものとして，地点Yに到達するまでは止まることはない。球の大きさは無視できるものとして，次の各問いに答えよ。

(1)　AB上の地点Pで跳ね返らせる。その後，跳ね返ることなく，地点Yに到達させるためには，APを何cmにすればよいか。

(2)　AB上の地点Qで跳ね返らせ，次にBC上で跳ね返らせる。その後，跳ね返ることなく，地点Yに到達させるためには，AQを何cmにすればよいか。

(3)　AB上の地点Rで跳ね返らせ，次にBC，CD，DA，ABの順で跳ね返らせる。その後，跳ね返ることなく，地点Yに到達させるためには，ARを何cmにすればよいか。

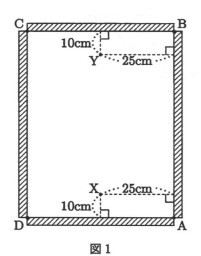

図1

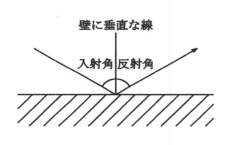

図2

6

6.　図のように，各辺の長さが 1 である正四角錐 O-ABCD がある。この正四角錐を，辺 AB を通る平面で切り，台形 PQAB を作った。OP = $\frac{1}{3}$ のとき，次の各問いに答えよ。

(1)　PB の長さを求めよ。

(2)　台形 PQAB の面積を求めよ。

(3)　PQ の中点を M，AB の中点を N とするとき，∠OMN = 90° であることを証明せよ。

(4)　四角錐 O-ABPQ の体積は，正四角錐 O-ABCD の体積の何倍であるか求めよ。

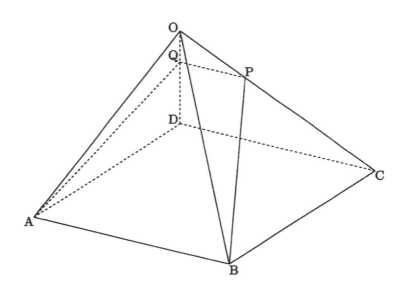

平成29年度

数学

（60分）

♯教英出版 編集部　注
　編集の都合上、計算用紙は省略しています。

滝高等学校　　　　　　　　　H

(注) 答はすべて解答用紙に記入せよ。ただし，円周率は π とし，根号は小数に直さなくてよい。

1. 次の各問いに答えよ。

(1) $(-2x^2yz^2)^2 \times \left(-\dfrac{3}{8}xy^2\right) \div \dfrac{9}{4}xyz^2$ を簡単にせよ。

(2) y は x に反比例し，$x=6$ のとき $y=\dfrac{3}{2}$ である。x,y の関係を表すグラフ上の点で，x 座標と y 座標がともに整数である点の個数を求めよ。

(3) $a^2b - 4a^2 + 16 - 4b$ を因数分解せよ。

(4) 1辺の長さが 12 の立方体がある。この立方体の各面の対角線の交点を頂点とする正八面体の体積を求めよ。

2. 濃度 a ％の食塩水 A と濃度 b ％の食塩水 B がある。食塩水 A を 300 g と食塩水 B を 100 g を混ぜると濃度 5 ％の食塩水 C となり，食塩水 A を 100 g と食塩水 B を 700 g と 水 200 g を混ぜると濃度 8 ％の食塩水 D となる。このとき，次の各問いに答えよ。

(1) a, b の値を求めよ。

(2) 食塩水 A と食塩水 B を混ぜて 6 ％の食塩水をつくるためには，食塩水 A と 食塩水 B はどのような質量の割合で混ぜたらよいか。最も簡単な整数比で答えよ。

3. 正六角錐 O - ABCDEF があり，底面 ABCDEF は 1 辺の長さが 6 の正六角形で，
OA = OB = OC = OD = OE = OF をみたす。
また，P, Q, R, S, T, U はそれぞれ OA, OB, OC, OD, OE, OF の中点であり，
正六角錐 O - PQRSTU の体積は $\dfrac{27\sqrt{6}}{2}$ である。このとき，次の各問いに答えよ。

(1) 正六角形 ABCDEF の面積を求めよ。

(2) 正六角錐 O - ABCDEF の体積を求めよ。

(3) OA の長さを求めよ。

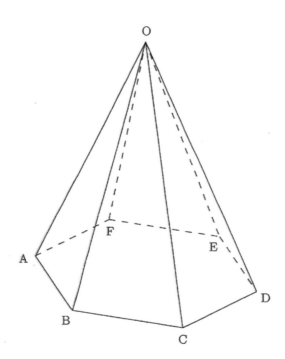

平成29年度

英語

（60分）

H

【1】次の<問題１>〜<問題３>は放送による問題です。それぞれ、放送の指示に従って答えなさい。放送を聞きながらメモを取ってもかまいません。

<問題１>　これから読まれる（１）〜（５）の会話を聞いて、最後の文に対する応答として最も適当なものをア〜エの中からそれぞれ１つ選び、記号で答えなさい。なお、会話は１度しか読まれません。

(1)　ア．We left at nine.
　　　イ．Shall we stay there for three hours?
　　　ウ．Let's leave at eleven.
　　　エ．We went there two days ago.

(2)　ア．Thank you.　I have a good time.
　　　イ．That's too bad.　Take care of yourself.
　　　ウ．Really?　I want to watch it.
　　　エ．OK.　Come to see me right now.

(3)　ア．Because I was very busy.
　　　イ．No, I didn't like to fly.
　　　ウ．Yes, I went there yesterday.
　　　エ．To meet my uncle.

(4)　ア．Can I borrow yours?
　　　イ．I was writing a letter.
　　　ウ．You can use mine.
　　　エ．You should help your friend.

(5)　ア．No, thank you.　I'll call her again.
　　　イ．Yes.　You can speak later.
　　　ウ．Sorry, I don't know when she'll come back.
　　　エ．I'll take it.　Thank you.

問題２＞　これから読まれる会話に関する３つの質問の答えとして、最も適当なものをア〜エ
の中からそれぞれ１つ選び、記号で答えなさい。なお、会話は１度しか読まれません。

(1)　What did Kevin do three days ago?
　　ア．He rescued three girls.
　　イ．He saved a little child.
　　ウ．He saw the hero saving girls.
　　エ．He interviewed the man who rescued children.

(2)　What did Kevin want to be when he was a child?
　　ア．A firefighter.
　　イ．A movie actor.
　　ウ．A police officer.
　　エ．A teacher.

(3)　What does Kevin do?
　　ア．He is a firefighter.
　　イ．He is a movie actor.
　　ウ．He is a police officer.
　　エ．He is a teacher.

<問題３> これから、ある百貨店でのアナウンスと、それに関する４つの質問を放送します。その質問に対する答えとして最も適当なものをア～エの中からそれぞれ１つ選び、記号で答えなさい。なお、アナウンスと質問は２度読まれます。

(1)　ア．Bags and cosmetics.

　　　イ．Shoes and cosmetics.

　　　ウ．Bags and shoes.

　　　エ．Bags, shoes and cosmetics.

(2)　ア．You can get a postcard.

　　　イ．You can see the famous paintings.

　　　ウ．You can buy some famous paintings.

　　　エ．You can talk to the famous painter.

(3)　ア．The first floor.

　　　イ．The second floor.

　　　ウ．The third floor.

　　　エ．The fourth floor.

(4)　ア．The main hall.

　　　イ．A museum.

　　　ウ．A sportswear shop.

　　　エ．Restaurants.

このあとも問題が続きます。

【2】次の単語について、最も強く発音される部分が同じ位置にある単語を、ア〜ウの中から
それぞれ1つ選び、記号で答えよ。

(1) be-tween 　　[ア. Eu-rope 　　 イ. cof-fee 　　 ウ. ad-vice 　　]

(2) mu-si-cian 　[ア. vol-un-teer 　 イ. pre-fec-ture 　 ウ. Sep-tem-ber 　]

(3) con-tin-ue 　[ア. bas-ket-ball 　 イ. ad-ven-ture 　 ウ. kan-ga-roo 　]

(4) in-ter-est-ing 　[ア. pop-u-la-tion 　 イ. nec-es-sar-y 　 ウ. pho-tog-ra-pher 　]

【3】各組の英文の( )に共通して入る語を答えよ。

(1) Don't forget to ( ) an umbrella with you.

You should ( ) off your coat before you enter the room.

(2) Do you have anything to write ( )?

I want a house ( ) large windows.

(3) The forest fire was ( ) of control.

The teacher handed ( ) the pamphlets to the class.

【4】次の英文をそれぞれの指示に従って書きかえたとき、( )に入る語を答えよ。

(1) How is the weather in Tokyo now?　　(now を tomorrow にかえて)

⇒ How ( )( )( )( ) in Tokyo tomorrow?

(2) I play the piano twice a week.　　(下線部をたずねる疑問文に)

⇒ ( )( ) do you play the piano?

(3) Bob injured his leg, so he couldn't go camping.　　(ほぼ同じ意味の文に)

⇒ Bob couldn't go camping ( )( ) his leg injury.

【5】次の日本語の意味に合うように、┌┈┈┐内の語(句)を用いて英文を完成させるとき、文中
の ① と ② の位置に来る語(句)を選び、それぞれ記号で答えよ。

(1) 英語を勉強しはじめて3年になる。

Three years ☐-☐-①-☐-☐-②-☐-☐

ア. learn 　　　イ. began 　　　ウ. we 　　　エ. English

オ. have 　　　カ. since 　　　キ. to 　　　ク. passed

H29. 滝高
Ⓚ 教英出版

問題2＞　これから読まれる会話に関する３つの質問の答えとして、最も適当なものをア〜エ
　　　　の中からそれぞれ１つ選び、記号で答えなさい。なお、会話は１度しか読まれません。

J ： Hi, I'm Jessica Black.　Today, I'm going to interview Kevin Scott.　He was the hero
　　 of the fire three days ago.　Nice to meet you, Kevin.
K ： Nice to meet you, too.
J ： You saved a three-year-old girl from the fire.
K ： Yeah, I just tried very hard to save her, but I don't remember it clearly.
J ： You are so brave!　I heard not only her parents but the firefighters thanked you, too.
K ： Really?　I'm happy to hear that.　When I was a child, I saw a movie about
　　 firefighters, and I was so impressed.　Since then, I've wanted to be a brave person like
　　 them.
J ： So did you want to be a firefighter at that time?
K ： Uh... Actually, no.　I wanted to be a police officer.　However, I've always respected
　　 firefighters, so I'm very glad to help them.
J ： You've become a good role model for your students.
K ： Yes, I hope so.　I always tell my students to be kind and help others.
J ： Thank you very much.
K ： You're welcome.

<問題３> これから、ある百貨店でのアナウンスと、それに関する４つの質問を放送します。その質問に対する答えとして最も適当なものをア～エの中からそれぞれ１つ選び、記号で答えなさい。なお、アナウンスと質問は２度読まれます。

Thank you for coming to ABC department store. On the first floor, we have many kinds of bags and shoes. You'll find your favorite ones and get them for a good price. The cosmetics department moved to the third floor. On the second floor, we have a special talk show at the main hall. A famous Japanese painter, Kumiko Ono, will be on stage. The show will start at 2 o'clock. If you want to get her postcards, please come to the main hall by 1:40. Also you can see her paintings at the ABC museum on the fifth floor. The museum will close at 5 o'clock. On the third floor, there are many shops for women; cosmetics, clothes, fashionable sportswear, and healthy foods. On the fourth floor, there are six restaurants. You can enjoy Italian, Chinese, Japanese, French, Korean, and Indian food. They will close at 10 p.m. We are glad to meet you, and we hope you'll have a good time at ABC department store. Thank you.

(1) What do they sell on the first floor?

(2) If you come to the main hall by 1:40, what can you do?

(3) If you want to buy healthy foods, what floor should you go to?

(4) What is on the fifth floor?

	(3)	
$t =$		$b =$

5.

(1)	(2)		(3)
	ア	イ	$n =$
通り			

6.

(1)	(2)
(3)	(4)
	$CF : FE = \quad :$

【5】

(1)	①	②	(2)	①	②	(3)	①	②	(4)	①	②

【6】

(1)	.
(2)	?

【7】

(1)	1		2		3		4	
(2)		(3)		(4)				
(5)		(6)						

【8】

(1)	1	2	3	4	5	6	7	8
(2)								
(3)	1		2		3		4		5

平成29年度　英語　解答用紙

H

受　験　番　号

※100点満点
（配点非公表）

【1】

＜問題１＞

(1)	
(2)	
(3)	
(4)	
(5)	

＜問題２＞

(1)	
(2)	
(3)	

＜問題３＞

(1)	
(2)	
(3)	
(4)	

【2】

(1)		(2)		(3)		(4)	

【3】

(1)		(2)		(3)	

【4】

(1)	How (　　　　) (　　　　) (　　　　) (　　　　) in Tokyo tomorrow?
(2)	(　　　　) (　　　　) do you play the piano?

受　験　番　号

1.

(1)	(2)
	個
(3)	(4)

2.

(1)	(2)
$a =$ 　　　　　, $b =$	$A : B =$ 　　　　 :

3.

(1)	(2)	(3)

4.

(1)	(2)

<スクリプト>

※教英出版注
音声は，解答集の書籍ＩＤ番号を
教英出版ウェブサイトで入力して
聴くことができます。

【1】次の＜問題１＞～＜問題３＞は放送による問題です。それぞれ、放送の指示に従って答
　　えなさい。放送を聞きながらメモを取ってもかまいません。

＜問題１＞　これから読まれる（1）～（5）の会話を聞いて、最後の文に対する応答として最
　　　　　　も適当なものをア～エの中からそれぞれ１つ選び、記号で答えなさい。なお、会話は
　　　　　　１度しか読まれません。

(1)　　A　：　Let's go to the lake next Sunday.
　　　　B　：　Good!　How shall we go?
　　　　A　：　Let's go by bike.　What time shall we leave?

(2)　　A　：　Will you be free after school tomorrow?
　　　　B　：　Yes, but why?
　　　　A　：　We'll have a soccer game.

(3)　　A　：　What did you do yesterday?
　　　　B　：　I went to the airport.
　　　　A　：　Why did you go to the airport?

(4)　　A　：　I can't find my dictionary.
　　　　B　：　Did you check your locker?
　　　　A　：　Yes, but my dictionary wasn't there.

(5)　　A　：　Hello?
　　　　B　：　Hello.　This is Taku.　May I speak to Kate, please?
　　　　A　：　Hi, Taku.　Sorry, Kate is not here now.　Can I take a message?

(2) この箱はとても重いので、私は運ぶことができない。

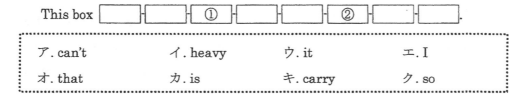

This box ☐ ☐ ① ☐ ☐ ② ☐ ☐ .

```
ア. can't          イ. heavy        ウ. it          エ. I
オ. that           カ. is           キ. carry       ク. so
```

(3) 多くの人が、気づかないままルールを破ることがあると思う。

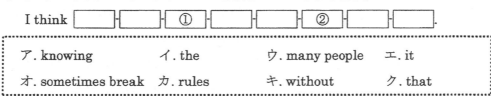

I think ☐ ☐ ① ☐ ☐ ② ☐ ☐ .

```
ア. knowing          イ. the           ウ. many people    エ. it
オ. sometimes break  カ. rules         キ. without        ク. that
```

(4) この絵は、その有名な芸術家が描いたものと同じくらい美しい。

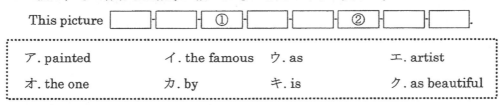

This picture ☐ ☐ ① ☐ ☐ ② ☐ ☐ .

```
ア. painted          イ. the famous    ウ. as           エ. artist
オ. the one          カ. by            キ. is           ク. as beautiful
```

【6】次の英文は、ある学校に新しく来た Brown 先生とその学校に通う生徒達との会話である。[1]と[2]に入る英文をそれぞれ6語以上で書け。

Mr. Brown　　: Good morning, class.　How are you today?　I'm very glad to meet you. First, let me introduce myself.　My name is David Brown.　I am from Canada.　I came to Japan three years ago.　I lived in Kyoto before I came to this town.　This is my first time living in a town near the sea.　I want to know many things about here.　Kentaro, please tell me one good point about this town.

Kentaro　　　: [　　　1　　　].

Mr. Brown　　: Great!　I like seafood very much.　Mariko, do you like this town?

Mariko　　　　: Yes.　I like it very much because I can enjoy swimming in the sea.

Mr. Brown　　: Sounds fun.　I like outdoor activities.

Mariko　　　　: [　　　2　　　]?

Mr. Brown　　: Fishing.　Let's go fishing someday.

【7】次の英文を読んで、後の問いに答えよ。

There was an old man living in a village.　He had four sons and they were very *lazy. The old man fell sick in bed and he thought that his last day was coming near.　He [　1　] a lot about his sons' future because the young men didn't want to work hard. The sons believed that luck would support them.

The old man's health [　2　] worse every day and he decided to talk to his sons about their future.　However, his sons did not listen to him.　The old man thought that his sons should realize the importance of work, so he played a trick.

One day, the old man called all his sons, and they sat near him.　He said he had a treasure box with gold coins and expensive *gems for them and wanted them to share the treasure and lead a happy, rich life.　The young men were very happy and asked their father where they could get the treasure box.　The old man replied to them, "I cannot remember the place.　But the treasure box is *hidden on our land.　I'm really not sure where I hid the treasure box."

Though the lazy young sons were happy, they were sad that the old man （　ア　） where the treasure was hidden.　After a few days, the old man died.　The sons decided to *dig up the land to find the treasure box.

They worked very hard and dug up their land.　They could not find any treasure box. They decided to dig a spot that was a little different from the others.　The sons believed that the treasure was hidden in that spot.　They dug very deeply, but found only water.

A neighbor who saw the dug up land and water said to them, "How about [　3　] to plant green vegetables and flowers on your land?"　And so they worked hard again to grow them.　It became very *fertile with a lot of water, so after a few weeks the land became a beautiful garden with green vegetables and flowers.　The young sons [　4　] them at a good price and made a lot of money.　Then they realized that （　イ　） was the "Treasure Box" that their father wanted them to get.　They changed their lives, continued to work hard, made more money and lived happily ever after.

（注）　lazy：怠けた　　gem：宝石　　hide：〜を隠す（活用は hide − hid − hidden）
　　　　dig：〜を掘る（活用は dig − dug − dug）　　fertile：(土地が)肥えている

　　出典：http://www.kidsworldfun.com/　　The Hidden Treasure（一部改変）

(1) 本文中の[1]～[4]に入る動詞を下の語群から選び、それぞれ正しい形にして答えよ。

sell / get / worry / know / start

(2) 下線部 he played a trick の内容として、最も適当なものをア～オの中から1つ選び、記号で答えよ。
　ア. 老人は、この土地には宝箱が埋まっているということを、長年忘れたふりをしていた。
　イ. 老人は、自分の財産を全て宝箱に入れて隠し、息子たちには与えないと決断した。
　ウ. 老人は、宝箱には何も入っていないのに、息子たちにそれを探し出すようにと伝えた。
　エ. 老人は、宝箱を埋めてもいないのに、息子たちにはこの土地のどこかに埋めたと伝えた。
　オ. 老人は、息子たちが互いに協力するように、宝箱を埋めた場所は詳しく伝えなかった。

(3) 本文中の(ア)に入る適当な単語1語を答えよ。

(4) 本文中の(イ)に入る語句を本文中から4語で抜き出して答えよ。

(5) 本文中で述べられている「息子たち」の様子・性格として、最も適当なものをア～オの中から1つ選び、記号で答えよ。
　ア. 金使いが荒い　　　　　イ. 思考が楽観的　　　　　ウ. 親の言うことは聞く
　エ. 兄弟の仲が悪い　　　　オ. 慈悲深い

(6) 本文の内容と一致する英文をア～カの中から2つ選び、記号で答えよ。
　ア. The old man led a happy life with his treasure, so he wanted his sons to live happily, too.
　イ. The old man asked his sons to change their lives before his death, but they didn't because they didn't like working a lot.
　ウ. The sons found their father's treasure box with gold coins and expensive gems, but they realized that they should not get it for themselves.
　エ. The old man wanted his sons to live happy lives with his money, but he also wanted them to talk about their own future.
　オ. The old man knew that he would soon die, and so he wanted to leave something useful to his sons.
　カ. The sons realized that they could lead happy lives even if they didn't have any money, and they started to grow vegetables for themselves.

9

【8】次の英文を読んで、後の問いに答えよ。

When you walk into a supermarket, the first things you see are beautiful farm products. Beautifully shaped apples and oranges, full *leafy green vegetables, and bright orange carrots are all the same size and nicely displayed. Some stores, like Sembikiya in Tokyo, sell very expensive fruits. These fruits are for special events like weddings, some parties, and hospital visits. Just one apple can cost about 2,000 yen! Farmers take a lot of special care to produce these fruits because they want the fruits to look and taste delicious. So it is no surprise the price is so ⬚1⬚. But have you wondered what ever happens to the "ugly" fruits and vegetables that don't look so beautiful?

Many shoppers usually buy the "perfect" fruits and vegetables they find in most department stores or supermarkets. However, ugly farm products are also perfectly fresh, *nutritious, and delicious. They only look a little different, a little bigger or smaller, or more strangely shaped than "normal" products displayed at the supermarkets. In reality, the thing that is truly ugly about this *situation is that a lot of food is thrown away, ⬚2⬚ many people in the world do not have enough food to survive now.

Such food is thrown away not because it cannot be eaten or because it is bad for our health, but because supermarket owners want their fruits and vegetables to look beautiful. So if anything is far from their normal size, shape, or color, it ⬚3⬚. This means billions of kilograms of perfectly fine, healthy products are not eaten, just because they don't look pretty! They are about one third of the world's products, and they are enough to save two billion people who are ⬚4⬚ from being hungry! Producing food that nobody eats is also hard on the *environment and *wastes things such as water, fuel, and land needed to grow it. To produce just one apple, it takes about 70 liters of water. Water will always be the most necessary thing to produce food. In some countries, it ⬚5⬚, so good use of water is very important there. Many developing countries are too poor to waste water or fuel on food which is just thrown away.

There are some chefs who have been thinking about ⬚6⬚ each year. They have made meals from ugly fruits and vegetables that have been thrown away by farmers. They want to ⬚7⬚ people's image of ugly fruits and vegetables and try to show them that these products still taste delicious and are nutritious. When the meal is prepared, you won't even know it came from those ugly products. They say, "We have to stop food waste. We should think of a good way to make full use of the fruits and vegetables farmers have produced. We can make a big difference if we work together." When you go shopping or sit down for a meal next time, think about all the ⬚8⬚ put into the food you see in front of you.

(注)　leafy：葉の多い　　nutritious：栄養のある　　situation：状況
　　　environment：環境　　waste：～を無駄にする

(1) 本文中の 1 ～ 8 に入るものをア～エの中からそれぞれ1つ選び、記号で答えよ。

1　ア．low　　　　イ．little　　　　ウ．important　　　エ．high

2　ア．though　　イ．if　　　　　　ウ．because　　　　エ．after

3　ア．is sold out　イ．is sold　　　ウ．isn't sold　　　エ．hasn't sold

4　ア．suffering　イ．afraid　　　　ウ．returning　　　エ．free

5　ア．rains a lot　　　　　　　　　イ．doesn't rain so much

　　ウ．has a lot of rain　　　　　　エ．looks like rain

6　ア．who must eat ugly food　　　イ．why ugly food is produced

　　ウ．how to find ugly food　　　　エ．how much food is wasted

7　ア．make　　　イ．throw away　　ウ．remember　　　エ．change

8　ア．favors　　イ．fair trade　　　ウ．effort　　　　　エ．interest

(2) 本文の内容と一致する英文をア～キの中から2つ選び、記号で答えよ。

ア．When we go to the hospital to see our sick or injured friend, we always bring expensive
　　fruits for him or her.

イ．Many shoppers buy only good-looking fruits and vegetables, so ugly ones are sent to
　　developing countries.

ウ．One third of farm products in the world are thrown away because they don't look
　　pretty.

エ．If we save water needed to grow farm products, two billion people can get enough food.

オ．Many developing countries don't have enough water or fuel, so they have to give up
　　producing food.

カ．There are some chefs trying to show that we can enjoy meals made from ugly farm
　　products.

キ．We don't know that many of the meals given to us originally come from ugly fruits and
　　vegetables.

11

(3) 次の英文は、この話を読んだ佐藤先生とマイクの会話である。（　1　）～（　5　）に入る最も適当な語を、それぞれ本文から抜き出して答えよ。

Mr. Sato　：　Let's talk about the problem of（　1　）waste.　What do you think of it?

Mike　　　：　I think it's really a big problem.　I was surprised to know that a lot of fruits and vegetables are uneaten just because they are（　2　）.　We should try to eat more such products, but we can't get them.

Mr. Sato　：　I think the government should encourage people to sell and buy such products. In fact, at some supermarkets and farmers markets, they are beginning to sell such products at low cost.

Mike　　　：　I'm glad to hear that.　But how do people know those products are delicious and not bad for our（　3　）like the normal ones?

Mr. Sato　：　We should realize how important teaching people about this is.　Students can learn about it in class and have school lunch made from such products. They will understand that the school lunch won't have a（　4　）in taste.　It won't cost so much money, either.

Mike　　　：　If your ideas become a reality, people can（　5　）money for shopping or school lunch.　Also we don't have to waste fruits and vegetables, so your ideas are not only good for farmers but also good for the environment.

問題は以上です。

4. 放物線 $y = ax^2$ は点 $(3, 12)$ を通る。x 軸上に 2 点 A$(-t, 0)$, B$(t, 0)$ があり, A を通り y 軸に平行な直線と放物線 $y = ax^2$ との交点を C とし, B を通り y 軸に平行な直線と放物線 $y = ax^2$ との交点を D とする。ただし, $t > 0$ である。このとき, 次の各問いに答えよ。

(1) a の値を求めよ。

(2) 四角形 ABDC が, 直線 $y = 2x - 2$ によって 2 つの図形に分けられるとする。
このうち一方が面積 3 の三角形になるような t の値を求めよ。

(3) 四角形 ABDC が正方形となるように t の値を定めよ。また, このとき, 正方形 ABDC が直線 $y = \dfrac{1}{3}x + b$ によって 2 つの図形に分けられるとする。
この 2 つの図形の面積比が $3 : 1$ となるような b の値をすべて求めよ。

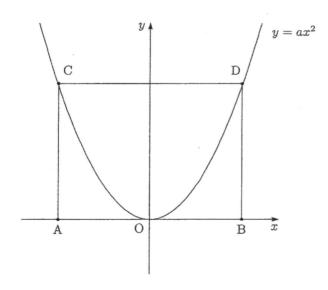

5. ①から⓪までの整数を書いたボールがそれぞれ 3 個ずつ合計 $3n$ 個ある。これらのボールを，次のルール (a)，(b)，(c) に従って，左から順に何個か横一列に並べる。

$\begin{cases} (a) & \text{左端は何を置いてもよい。} \\ (b) & \text{①の球の右隣りに球を置く場合は何を置いてもよい。} \\ (c) & \text{①以外の球の右隣りに球を置く場合は①を置く。} \end{cases}$

このとき，次の各問いに答えよ。

(1) $n = 5$ のとき，2 個のボールの並べ方は何通りあるか。

(2) 次の空欄 ┌ ア ┐ と ┌ イ ┐ を埋めよ。

$n = 5$ のとき，3 個のボールの並べ方のうち，①の球を 1 つだけ含むものは ┌ ア ┐ 通りあり，①の球を 2 つだけ含むものは ┌ イ ┐ 通りある。

(3) 3 個のボールの並べ方が 209 通りあるとき，n の値を求めよ。

6. 図のように O を中心とする半径 5 の円があり，直線 AB 上の B より右側に BC ＝ 8 とな
   る点 C をとる。さらに，点 C から円に接線を引き，接点を D とする。また ∠BCD の二
   等分線と線分 AD, BD との交点をそれぞれ E, F とする。このとき，次の各問いに答えよ。

   (1) CD の長さを求めよ。

   (2) △OBD の面積を求めよ。

   (3) ∠BDC と等しい大きさの角を 2 か所答えよ。

   (4) CF : FE を最も簡単な整数比で表せ。

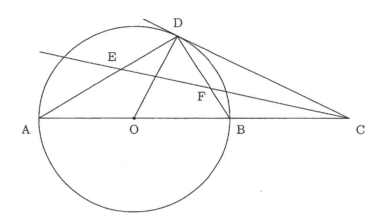

（注）　答はすべて解答用紙に記入せよ。ただし，円周率は π とし，根号は小数に直さなくてよい。

（60分）

1.　次の各問いに答えよ。

(1) $4x^2 - 16y^2$ を因数分解せよ。

(2) $6x - x^2 = 5$ を解け。

(3) 連立方程式 $\begin{cases} 3(x-1) + 2(y+3) = 8 \\ 2(x-1) - (y+3) = 10 \end{cases}$ を解け。

(4) 右の図1のように，母線 $AB = 12$，底面の半径 $OB = 3$ の円すいがある。B から円すいにひもを1回巻きつけて B に戻るとき，ひもの長さの最小値を求めよ。

(5) 右の図2のように，$AC = CD = 1$，$AD = BD$，$\angle C = 90°$ の直角三角形がある。AB^2 の値を求めよ。

図1

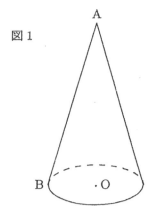

図2

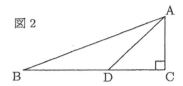

2.　大中小の3個のサイコロを1回投げて，出た目をそれぞれ x, y, z とする。このとき，次の各問いに答えよ。

(1) $x + y + z = 5$ となるのは，何通りあるか。

(2) $x + y = z$ となるのは，何通りあるか。

(3) $x < y < z$ となるのは，何通りあるか。

3.　図のように，4点 A$(-6, 12)$, B$(-12, 0)$, C$(3, 0)$, D を頂点とする平行四辺形 ABCD がある。点 A は放物線 $y = \frac{1}{3}x^2$ 上にあり，放物線と辺 AD，対角線 AC の交点をそれぞれ E, F とする。このとき，次の各問いに答えよ。

(1) 直線 AC の式を求めよ。

(2) 点 F の座標を求めよ。

(3) $\triangle AEF$ の面積を求めよ。

(4) 放物線上を点 O から点 E まで動く点 P がある。$\triangle AEP$ の面積が平行四辺形 ABCD の面積の $\frac{2}{15}$ 倍になるとき，点 P の座標を求めよ。

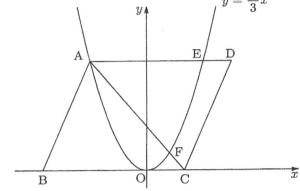

(注)　答はすべて解答用紙に記入せよ。ただし，円周率は π とし，根号は小数に直さなくてよい。

4.　図のように，△ABC の辺 AB，辺 AC 上にそれぞれ点 P，Q を AP : PB = 1 : 2，AQ : QC = 1 : 1 となるようにとる。辺 BC 上に点 R をとり，線分 PQ と線分 AR の交点を S とする。△ASQ と四角形 PBRS の面積が等しいとき，次の各問いに答えよ。ただし，比は最も簡単な整数の比で答えること。

(1)　面積比 △APQ : △ABC を求めよ。

(2)　△ABR の面積と等しい面積の三角形を，△ABR 以外で1つ求めよ。

(3)　線分比 BR : RC を求めよ。

(4)　面積比 △PQR : △ABC を求めよ。

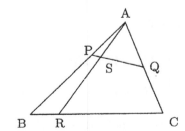

5.　給水管 10 本，排水管 1 本がついた水槽がある。排水管を開けた状態で，空の水槽に水を入れる。
5本の給水管から同時に水を入れると 20 分で満水になった。また，8 本の給水管から同時に水を入れると 11 分で満水になった。給水管 1 本から入る水の量を 1 分間につき x リットル，排水管から抜ける水の量を 1 分間につき y リットルとするとき，次の各問いに答えよ。

(1)　下線部の条件を利用して，水槽の容積を x と y で表せ。

(2)　y を x で表せ。

(3)　10 本の給水管から同時に水を入れると，何分で満水になるか。

【１】次の〈問題１〉と〈問題２〉は放送による問題です。それぞれ、放送の指示に従って答えなさい。放送を聞きながらメモをとってもかまいません。

〈問題１〉下の表は、ある日のベス(Beth)の予定表です。これから放送されるベス(Beth)と父親(Dad)の会話を聞いて、予定表の①から④にあてはまるベス(Beth)の予定として最も適当なものをア〜エの中からそれぞれ１つ選び、記号で答えなさい。会話は１度しか読まれません。

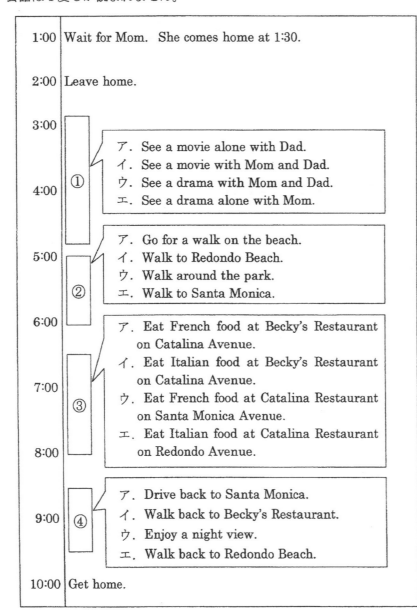

〈問題２〉これから、ある物語と、それに関する４つの質問を放送します。放送される質問の答えとして最も適当なものをア〜エの中からそれぞれ１つ選び、記号で答えなさい。物語と質問は２度読まれます。

１）ア．He did not do anything.
　　イ．He told his son to be quiet.
　　ウ．He talked to his son about apples.
　　エ．He said a few words with a smile.

２）ア．Because he was traveling by train for the first time.
　　イ．Because he was on a vacation trip with his father.
　　ウ．Because he was enjoying seeing with his own eyes.
　　エ．Because there were many boys on his train.

３）ア．They stopped talking about the boy.
　　イ．They said that the boy was crazy.
　　ウ．They got off the train without saying anything.
　　エ．They told the boy to go to the hospital.

４）ア．The group of boys on the train were on their way to school.
　　イ．The group of boys were excited when they saw the train coming into the station.
　　ウ．The man and his son got their seats before the young group got on the train.
　　エ．The boy asked his father to buy him apples, but his father said no.

※教英出版注
音声は，解答集の書籍ＩＤ番号を
教英出版ウェブサイトで入力して
聴くことができます。

【２】次のＡ欄とＢ欄の関係と、Ｃ欄とＤ欄の関係が同じになるように、Ｄ欄の（　　）に入る適当な語を答えよ。

	Ａ欄	Ｂ欄		Ｃ欄	Ｄ欄
1）	fair	： fare		piece	：（　　　）
2）	food	： hungry		water	：（　　　）
3）	bad	： worst		little	：（　　　）
4）	first	： January		eleventh	：（　　　）

【３】次の日本文を参考にして、（　　）に入る適当な語を答えよ。ただし、（　　）内に文字が与えられている場合は、その文字で始まる語を答えること。

1） 私は、夢が叶う（かな）ように願った。
   I hoped that my dream would come （　　）.

2） 彼は私に助けを求めた。
   He （　　） me for help.

3） 椅子をひっくり返して机の上に置きなさい。
   Turn the chair （ u- ） down and put it on the desk.

4） 「傘に入りませんか。」「ありがとう。」
   "Why don't you （ s- ） my umbrella?"　"Thank you."

【４】次の各組の英文がほぼ同じ意味を表すように、（　　）に入る適当な語を答えよ。

1） He became famous for this book.
   This book （　　）（　　） famous.

2） The little boy cleaned the big room alone.
   The little boy cleaned the big room （　　）（　　）.

3） This is Mary's first trip to a foreign country.
   Mary has never （　　）（　　）.

4） I don't know how to study English.
   I don't know how （　　）（　　） study English.

【５】次の日本文を参考にして、[　]内の語（句）を用いて英文を完成させるとき、文中の　①　と　②　の位置に来る語（句）を選び、それぞれ記号で答えよ。

1） サムは、困っている他の人を助ける決心をした。
   Sam decided [　　]—[　　]—①—[　　]—②—[　　].
   [ア．other　イ．to　ウ．people　エ．need　オ．help　カ．in]

2） ブラウン氏が息子を自慢するのはもっともである。
   Mr. Brown [　　]—[　　]—①—[　　]—[　　]—②—[　　] his son.
   [ア．reason　イ．be　ウ．has　エ．to　オ．good　カ．of　キ．proud]

3） 残念ながら、病人の世話をすることができません。
   I'm sorry [　　]—①—[　　]—[　　]—[　　]—[　　]—②—[　　].
   [ア．of　イ．say　ウ．take　エ．sick　オ．I can't　カ．to　キ．the　ク．care]

【６】次のような場面にふさわしい英文を書け。ただし、〈　　〉内に指示された語を用いること。なお、必要があれば適当な形に変えてもよい。

1） あなたは買い物に出かけようとしています。何を買ってきてほしいかを家で待っている人に尋ねるとき、あなたは何と言いますか。〈 buy 〉

2） あなたがあげたプレゼントを友人が気に入ってくれました。あなたはそのことをとてもうれしく思いました。あなたのうれしい気持ちをその友人に伝えたいとき、あなたは何と言いますか。〈 like 〉

【７】次の英文を読んで、後の問いに答えよ。

We have cultural differences, but we're all human. And to be human means to feel emotions. People feel happy to be with friends. They feel sad when they have to leave loved ones. They feel afraid when they are in danger. And they feel angry at *injustice.

People all over the world feel happiness, sadness, anger and fear; we all feel the same emotions.

Feeling emotions is one thing. Expressing them is (　①　). In different cultures, people *handle emotions in different ways. In some countries, they express emotions openly. In others, they don't want to show how they feel.

I noticed ②this back in 1979 for the first time. I had just arrived in Japan and was working in Kobe. ⬚ a ⬚ ⬚ b ⬚ ⬚ c ⬚ So I was glad to join him and looked forward to experiencing family life in Japan. ⬚ d ⬚ ⬚ e ⬚ My friend didn't see his family for more than a year. I tried to imagine the strong emotions he was feeling.

When we got to his house, I thought I was going to see an emotional *reunion with laughter, joy and tears of happiness. I ③pictured my friend jumping up and down in excitement. ④I was sure that his mother was going to hug and kiss him to welcome him home. I felt lucky to see this emotional event!

When his mother opened the door, however, everything went on as usual. It was strange to me. My friend said, "*Tadaima*" (I'm home). His mother answered, "*Okaeri nasai*" (Welcome back). That was it. No hugs. No kisses. No tears. No emotion. I couldn't believe it!

Their *behavior didn't make any sense. My friend had been living in a foreign country for more than a year. *Yet they were acting like he'd been (　A　) for an hour and had just got (　B　) from the corner store. I couldn't understand why they didn't show any emotion. Were they robots? Didn't they feel anything about each other?

Later, I asked my friend to explain their behavior. "In Japan," he said, "we don't express our emotions when we are with other people. Becoming an adult in Japanese society means learning to control your emotions and keep them (　C　). For us, it seems strange that you Westerners express your emotions so openly. You laugh and cry openly just like little children. It's hard for us to understand!"

People from different cultures are the same inside. We're just taught to *behave in different ways. For cross-cultural understanding, we need to first know that we humans have the same emotions behind our different behavior.

　　　　　　　　　　　　Welcome home! by Kip Cates　http://st.japantimes.co.jp/　一部改変

（注）injustice：不正　　handle：〜を扱う　　reunion：再会
　　　behavior：振る舞い、行動　　yet：しかし　　behave：振る舞う

１）（　①　）に入る最も適当なものをア〜エの中から１つ選び、記号で答えよ。
　　ア．anything else　　　　　　イ．almost nothing
　　ウ．something else　　　　　エ．almost the same thing

２）下線部②の内容を２０字以内の日本語で説明せよ。ただし、句読点も字数に数えること。

３）⬚ a ⬚ 〜 ⬚ e ⬚ に入る最も適当な英文を、ア〜オの中からそれぞれ１つずつ選び、記号で答えよ。
　　ア．Then, we took a train together to his hometown.
　　イ．One day I got a letter from a Japanese friend.
　　ウ．I met my friend at the airport after his long flight from Canada.
　　エ．He'd been studying in Canada and was getting ready to return to Japan.
　　オ．He knew I was interested in Japanese culture and invited me to visit his family.

４）下線部③を本文中の別の動詞を用いて書き換えたい。その語を本文から抜き出して、原形で答えよ。

５）下線部④のように筆者が思った理由を解答欄の書き出しに続けて、２０字以内の日本語で説明せよ。ただし、句読点も字数に数えること。

６）（　A　）〜（　C　）に入る最も適当なものをア〜カの中からそれぞれ１つずつ選び、記号で答えよ。
　　ア．around　イ．away　ウ．back　エ．down　オ．inside　カ．there

７）本文の内容と一致するものをア〜オの中から２つ選び、記号で答えよ。
　　ア．People all over the world feel emotions and express them in the same way.
　　イ．When the writer's friend returned home, the writer didn't see any emotional events between him and his mother.
　　ウ．Japanese people don't worry about each other as much as people in other countries do.
　　エ．We should understand people from different cultures express their feelings differently.
　　オ．The writer thought that his friend was very excited and could not say anything.

【8】次の英文を読んで、後の問いに答えよ。

Our world today seems to *be based on a system that needs everything to be *renewed from time to time. The electronic tools which I buy never work well for longer than a few years. ①My clothes are made just well enough to last until the next big fashion trend. ②Car models change so often that some people are still paying money for their old car when they start thinking about buying the next one. Even the houses in my hometown are being *rebuilt every time I travel home. It is hard to imagine anything that lasts much more than ten years.

But there is one old house from my childhood that has done just that. Aaron Kinney's house in Portsmouth, Ohio, has lasted for a very long time. It is known as the "1810 House."

In 1804, Aaron and Mary Kinney moved to Ohio from Pennsylvania. They came with their four children and Mary's father. Aaron bought some land, and he soon looked for a natural water *spring. After that, he began building the family's farmhouse. As one could guess from its name, the two-story house was finished in 1810.

The Kinney family experienced some changes throughout the next hundred years. First, Mary Kinney's father passed away in 1816, but this did not leave the house feeling *empty. Aaron and Mary had twelve children: five boys and seven girls. Henry Richie Kinney, the tenth child, became the master of the house when he was an adult. Henry Richie and his wife *raised ten children of their own there.

As the years passed, *the Civil War came and went, and many different Kinneys grew up in the house, but the 1810 House stayed the same. However, by 1913, many other houses had been built around the farmhouse, and it was *no longer a farmhouse. It had become too old in a young new city. So the Kinney family needed to make a change. They did not want to rebuild the house, though, so they decided to just make a new front door, window, and porch.

Since that time, the building has been left unchanged. The last Kinney to live there, Isabel Kinney, lived and died in the 1810 House. Before she passed away in 1946, she gifted everything in the house to a local church. Sadly, no one in the city had any use for the building, and the old house that had once been home to fourteen Kinneys was left alone and empty.

Today, under the care of a local historical group, the 1810 House serves as a *museum. It has many original Kinney items and other historical items from around the world. The large collection in the house and the house itself make the 1810 House a true piece of history. I think that it is sometimes good to keep things we already have. Not everything needs to be renewed.

(注) be based on ～：～に基づいている　　renew：～を新しくする　　rebuild：～を再建する
spring：泉　　empty：人のいない　　raise：～を育てる
the Civil War：(米国の)南北戦争　　no longer：もはや～ない　　museum：博物館

1) 下線部①の意味として正しいものをア～エの中から１つ選び、記号で答えよ。

ア．私の服は、次の大きな流行が来るまでなら何とか着られるように作られている。

イ．私の服は、ちょうど次の大きな流行が終わるまでもちこたえられるように作られている。

ウ．私の服は、次の大きな流行が続く間は十分使えるようにうまく作られている。

エ．私の服は、今の私のサイズにぴったりに作られているので、次の大きな流行が来るまでには着られなくなる。

2) 下線部②の意味として正しいものをア～エの中から１つ選び、記号で答えよ。

ア．車の型が変わるたびに、ある人たちは古い車を売って、そのお金で次の車を買うことを考え始める。

イ．車の型がしばしば変わると、何人かの人々は自分の古い車のお金を払いながら、隣の人が買う車のことが気になり始める。

ウ．車の型がよく変わるので、自分の今の車のお金をまだ払っているのに、次の車を買うことを考え始める人もいる。

エ．車の型が頻繁に変わるので、次の車を買おうと考え始めても、結局自分の今の車と同じ型の車を買うことになる人もいる。

3) 次の英文は本文の要約である。本文の内容に従って、下の（　１　）～（　８　）に入る適当な語を答えよ。

In our world today, it feels necessary to renew everything from time to time. But in America we can find a house which has stayed almost the same for about (　1　) hundred years. It is (　2　) the "1810 House."

In 1804, the first Kinneys, Aaron and Mary, came to Ohio with their four children and Mary's father. Aaron bought land and built a farmhouse for his family in 1810. In 1816 Mary's father died, but the house was not a lonely one, because the Kinneys had a (　3　) family. Aaron's (　4　) child became the next head of the house, and he had his own family there. As the years (　5　) by, many different Kinneys continued to live in the 1810 House until 1946. By 1913 there were many newly built houses around the 1810 House. However, though a small (　6　) was made, the 1810 House has never been rebuilt. Isabel Kinney, the last Kinney of the 1810 House, died in 1946, and the building was no longer (　7　) as a house. However, this house that was a home to many Kinneys still stands there. It has now become a museum and is managed by a local historical group. Not only new things but also (　8　) things are meaningful for us.

リスニング原稿

※教英出版注
音声は、解答集の書籍ＩＤ番号を
教英出版ウェブサイトで入力して
聴くことができます。

〈問題１〉 下の表は、ある日のベス (Beth) の予定表です。これから放送されるベス (Beth) と父親 (Dad) の会話を聞いて、予定表の①から④にあてはまるベス (Beth) の予定として最も適当なものをア～エの中からそれぞれ１つ選び、記号で答えなさい。会話は１度しか読まれません。

Beth: Dad, I'm bored today. I want to go to a movie.

Dad: A movie today? Well, let's look at the newspaper. Okay. Ah, here's a movie that starts in the afternoon at 2:45. Well, should we take Mom with us?

Beth: Yeah.

Dad: Okay, we have to wait for Mom because she's in Santa Monica right now.

Beth: Okay. Are we going to meet her there and drive to the movie theater together?

Dad: No. She's going to come back at 1:30. We can wait at home and leave here at 2:00 with her. And what should we do after the movie? It'll be about two hours long.

Beth: How about going for a walk?

Dad: Well, where would you like to go for a walk? Would you like to go down to the beach or walk around the park?

Beth: The park! Can we stay for an hour or so?

Dad: Well, that sounds good. And then maybe we can eat out tonight. How does that sound?

Beth: Great! I feel like eating French food tonight. Let's have dinner at Becky's Restaurant in Redondo Beach. But I don't remember where in Redondo Beach that restaurant is.

Dad: It's on Catalina Avenue. Today is Saturday, so Becky's opens at 6:00 for dinner. We can drive there from the park in 40 minutes. So, we would get there at about 6:30 and finish dinner at about 8:00.

Beth: Okay. Well, will we go straight back home after that?

Dad: Hmm, there is a beautiful night view on a hill 30 minutes away from the restaurant. We can go there. After enjoying the night view, we should leave the hill at about 9:30 for home.

Beth: Fantastic. I can't wait...

〈問題２〉 これから、ある物語と、それに関する４つの質問を放送します。放送される質問の答えとして最も適当なものをア～エの中からそれぞれ１つ選び、記号で答えなさい。物語と質問は２度読まれます。

It was a warm sunny day. Everyone in the railway station was waiting for the train to arrive. Among the crowd, there was a group of young boys who were on vacation.

It was a busy station with coffee shops, restaurants, newspaper stands, etc. Everyone got ready to get on the train when they heard the announcement saying the train had arrived.

The group of boys shouted to welcome the train as it entered the station. They ran to get their seats before anyone could get on the train.

Most of the seats were full and the train was ready to move. Then a man with a young boy came running to catch the train. They got on the train and the train started moving. Their seats were just next to the group of boys.

The young boy with his father was so surprised to see everything.

He said to his father, "Dad, the train is moving and everything is moving back."

His father said, "Yes, dear," and smiled.

As the train started moving fast, the young boy shouted, "Dad, the trees are green in color, and they run very fast." His father smiled again and nodded his head.

The child was watching everything with great passion and happiness.

A fruit seller passed by selling apples and oranges. The young boy told his father, "I want to eat apples." So his father bought him apples. The boy said, "Oh, apples look so much sweeter than they taste. I love this color."

The group of boys was watching all this and asked the boy's father, "Does your son have a problem? Why is he so excited about such things?"

One boy from the group shouted, "His son is crazy, I think."

The father of the young boy answered quietly. "My son was blind when he was born. Only a few days ago he had an operation on his eyes, and today he has just left the hospital. He is now seeing many things for the first time in his life."

The group of boys became very quiet and said sorry to the father and his son.

http://www.kidsworldfun.com 一部改変

１） What did the man say to his son on the train?

２） Why was the boy so happy on the train?

３） What did the group of boys do after they listened to the father?

４） Which is true about the story?

平成 28 年度　滝高等学校　入学試験　数学　解答用紙

受　験　番　号

※100点満点
（配点非公表）

1.

(1)	(2) $x =$

(3) $x =$　　　, $y =$	(4)	(5)

2.

(1) 通り	(2) 通り	(3) 通り

3.

(1)	(2) F $($　　　,　　　$)$

(3)	(4) P $($　　　,　　　$)$

4.

(1)　　　:	(2)

(3)　　　:	(4)　　　:

5.

(1) リットル	(2)

(3) 分	

平成２８年度　滝高等学校　入学試験　英語　解答用紙

受　験　番　号

※100点満点
（配点非公表）

【1】

〈問題1〉　① 　② 　③ 　④

〈問題2〉　1） 　2） 　3） 　4）

【2】
1） 　2） 　3） 　4）

【3】
1） 　2） 　3） 　4）

【4】
1） 　2）

3） 　4）

【5】
1）①　②　2）①　②　3）①　②

【6】
1）

2）

【7】
1）

2）　　　　　　　　　　　10　　　　　　15　　　　　　20

3）a　b　c　d　e　4）

5）友人の母は　　　　　　　10　　　　　　15

20　6）A　B　C　7）

【8】
1）　2）

3）　1　2　3　4

5　6　7　8

（注）答はすべて解答用紙に記入せよ。ただし，円周率は π とし，根号は小数に直さなくてよい。

（60分）

1. 次の各問いに答えよ。

(1) $(\sqrt{5}+\sqrt{2})(2\sqrt{2}-\sqrt{5})+\dfrac{\sqrt{5}+5\sqrt{2}}{\sqrt{5}}$ を計算せよ。

(2) $(x+y)^2+2x+2y-3$ を因数分解せよ。

(3) $\dfrac{1}{8}x^2-\dfrac{1}{2}x-1=0$ を解け。

(4) 右図は，$\angle CAD=42°$，$AC=AD$，$\overset{\frown}{CD}=\overset{\frown}{DE}$ である。$\angle ACE$ の大きさを求めよ。

(5) 正六角形 ABCDEF の頂点から3点を選んで三角形を作る。直角三角形は何個できるか。

(6) $(a+b)(a-b)=33$ となる自然数の組 $(a,\ b)$ をすべて求めよ。

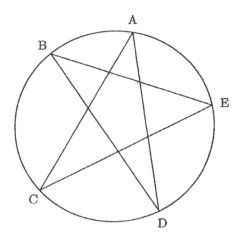

2. 赤玉と白玉が3つの箱 A，B，C に入っている。赤玉と白玉の個数の比は，箱 A が $3:4$，箱 B が $3:5$，箱 C が $3:2$ である。次の各問いに答えよ。

(1) 箱 A から赤玉を4個取り出したところ，箱 A の赤玉と白玉の個数の比は $1:2$ になった。はじめに箱 A に入っていた赤玉の個数を求めよ。

(2) 箱 B の赤玉6個を箱 C へ，箱 C の白玉10個を箱 B へ入れたところ，箱 B と箱 C に入っている赤玉の個数の比は $7:5$ に，白玉の個数の比は $15:1$ になった。はじめに箱 B に入っていた赤玉の個数を求めよ。

3. 右図のように，平行四辺形 ABCD の辺 AD と点 C を中心とした円が接する点を E とする。円と線分 AC，線分 BC との交点をそれぞれ F，G とする。$AB=4$，$AD=8$，$\angle ABC=60°$ であるとき，次の各問いに答えよ。

(1) 円の半径を求めよ。

(2) $\angle FGC$ の大きさを求めよ。

(3) $\triangle CFG$ の面積は $\triangle ABC$ の面積の何倍であるか。

(4) 線分 DC を C の方に延長した先の，円との交点を H とする。$\triangle DEH$ の面積を求めよ。

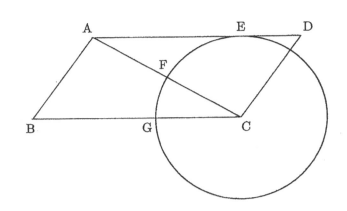

（注）答はすべて解答用紙に記入せよ。ただし，円周率は π とし，根号は小数に直さなくてよい。

4. 右図のように，放物線 $y = \dfrac{1}{4}x^2$ …① と 2 直線 $y = -\dfrac{1}{2}x + 6$ …②，$y = k$ …③ があり，①と②の交点を A，B とし，①と③の交点を C，D とする。CD = 16 であるとき，次の各問いに答えよ。

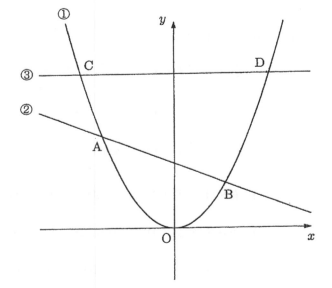

(1) k の値を求めよ。

(2) 2 点 A，B の座標をそれぞれ求めよ。

(3) y 軸上に点 P を，BP + PD の長さが最小になるようにとる。点 P の座標を求めよ。

(4) 直線 CD 上に点 Q を，四角形 ABDC と △BDQ の面積が等しくなるようにとる。点 Q の x 座標が負であるとき，点 Q の座標を求めよ。

5. $AB = BC = CD = DA = 3$，$AC = 2$，$BD = 2\sqrt{2}$ である四面体 ABCD がある。次の各問いに答えよ。

(1) 辺 AC の中点を M とするとき，△BMD の面積を求めよ。

(2) 四面体 ABCD の体積を求めよ。

(3) 点 A から △BCD に下ろした垂線の長さを求めよ。

【１】次の〈問題１〉～〈問題３〉は放送による問題です。それぞれ、放送の指示に従って答えなさい。放送を聞きながらメモを取ってもかまいません。

〈問題１〉　日本人留学生のケンジが、アメリカの大学のカフェテリアでランチメニューについて尋ねています。Ｂセット(Meal B)、Ｄセット(Meal D)、Ｆセット(Meal F)の内容として最も適当なものを、６つの選択肢(ア～カ)の中から１つずつ選び、記号で答えなさい。会話は２度読まれます。

ア.
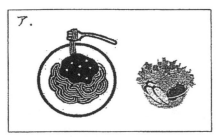

イ.

ウ.

エ.

オ.

カ.

〈問題２〉　これから２種類の会話と、それに関する質問を放送します。それぞれの会話に関する質問の答えとして最も適当なものを１つずつ選び、記号で答えなさい。会話と質問は１度だけ読まれます。

1）ア．Call Jane at six.
　　イ．Tell his message to Jane.
　　ウ．Call Jane at seven thirty.
　　エ．Wait for a phone call from Jane.

2）ア．11:00
　　イ．11:25
　　ウ．11:55
　　エ．12:30

〈問題３〉　次の英文を聞いて、以下の１）～４）の質問の答えとして最も適当なものを、それぞれア～エの中から１つずつ選び、記号で答えなさい。英文は２度読まれます。

1）When do you hear this speech?

　　ア．At the start of a new English class.
　　イ．At the end of a new English class.
　　ウ．At the start of a homestay program.
　　エ．At the end of a homestay program.

2）What is written in the pamphlet on the desks?

　　ア．Your homestay families.
　　イ．About Prince's School.
　　ウ．Your English program.
　　エ．How to speak English.

3）What is an "elective program"?

　　ア．A program of special English communication.
　　イ．A program you can choose to do.
　　ウ．A program you must take every day.
　　エ．A program of studying English history.

4）According to the passage, which is true?

　　ア．You can take a program of going to a museum on Saturday morning.
　　イ．You don't have any chance to go to a theater during these two weeks.
　　ウ．You can choose a special program on Saturday and Sunday.
　　エ．You can go to a famous place only one time a week in the afternoon.

※教英出版注
音声は，解答集の書籍ＩＤ番号を
教英出版ウェブサイトで入力して
聴くことができます。

【２】次の日本文を参考にして、（　　）に入る適当な語を答えよ。

１）ここから駅までどのくらいあるのかしら。
　　I wonder how（　　）it is from here to the station.

２）満員電車に乗っていてふと良い考えが浮かんだ。
　　A good idea（　　）to my mind on a crowded train.

３）コーヒーをもう一杯いかがですか。
　　Would you like（　　）cup of coffee?

【３】次の各組の対話が成り立つように、下の　　　　内のア〜カの語（句）を並べかえて
　　英文を完成させるとき、（　a　）と（　b　）に入る語（句）の記号を答えよ。

１）A : How was the party?
　　B : Great! All（　　）（　　）（　a　）（　　）（　b　）（　　）good time.
　　　　ア. the party　イ. invited　ウ. a　エ. to　オ. had　カ. the guests

２）A : Why do you like reading books?
　　B : Because（　　）（　　）（　a　）（　　）（　b　）（　　）things from books.
　　　　ア. interesting　イ. new　ウ. is　エ. learn　オ. it　カ. to

３）A : When（　　）（　　）（　a　）（　　）（　b　）（　　）the report?
　　　　ア. to　イ. do　ウ. writing　エ. finish　オ. I　カ. have
　　B : By next Monday.

【４】次の各組の英文の（　　）に共通して入る語を答えよ。

１）If you take a taxi, you will（　　）to the church in ten minutes.
　　I hope you will（　　）well soon.

２）Will you（　　）a message when I am away?
　　I usually（　　）for school at seven fifteen.

３）Turn（　　）and you will see the library ahead.
　　Freedom of speech is a（　　）of all people.

【５】次のマイクとリンダによるメールのやりとりを読んで、文中の　①　に６語以
　　上、　②　に５語以上の英語を補って英文を完成せよ。なお、I'm などの短縮形
　　は１語として数えること。

Dear Linda,
　　Hi. How are you doing? I'm doing fine, though I still have some
homework to do. My little brother John is coming back soon. As you know,
he went to Japan to study two years ago. After his stay in Tokyo for two
years, he will return next Wednesday. So ⎡　①　⎤ for him next
Saturday. Would you like to come? John would be happy if you'd come.
Talk to you soon,
Mike

Dear Mike,
　　Thank you for your e-mail. I'm OK, too. I'm glad to hear that John will
come back home. Also, I'd be happy to come. I have one thing to ask you.
Can you ⎡　②　⎤? Then I'll bring it to him. One more thing to ask
you. Can I come to the party with Mary?
Take care,
Linda

【６】次の英文を読んで、後の問いに答えよ。

　Many Japanese people like taking a bath and they often go on a trip to visit hot springs. There are many hot springs in Japan. Jigokudani is one of the most famous hot springs that not only Japanese people but also foreign tourists like to visit. Why do you think it is so famous? "The snow monkey" is the answer.

　Jigokudani Monkey Park is well-known around the world for its famous "snow monkeys" that spend the cold winter months taking a bath in the hot springs at the park. There have been many newspaper articles written about and videos filmed about these interesting monkeys. The park is about an hour drive northeast of Nagano City, and it is one of my favorite places in Japan.

　The Japanese monkeys that live in Jigokudani are very special animals. They live *farther north and in a colder area than any other monkey. These monkeys are also very (A). They wash their food with water before eating it, and ①it is not something most animals do. Some monkeys even make snowballs for fun during the long winter months.

　I love watching the monkeys so much. When a friend or family member comes to visit me in Japan, especially in winter, I always take them to the monkey park in Nagano. ②私とその公園に行った人は皆、とにかく驚く。

　Getting to Jigokudani Monkey Park by public transportation (trains and buses) is a little difficult, but not impossible. When my friend and I first visited the park, we took the train from Nagoya to Nagano, then a bus to the *parking area near the park. From the parking area it is about a 45-minute walk to the park, but the walk is (B). We can enjoy wonderful views of the mountains and the areas around it. Sometimes you can see monkeys before you even get to the park.

　Before you enter the park, you are told to leave all your things in a locker because ③ . Most tourists enter the park only with their camera, but the monkeys sometimes even try to take that. I saw it for myself. My father had a small camera with a yellow handle and a monkey tried to take it from him. Luckily for us, the monkey gave up and my father was able to keep his camera.

　Inside the park there are so many monkeys and many of them are taking a bath in the hot springs. Usually the tourists stand around the hot springs area, but there are monkeys outside of the springs too : they are playing, eating, and relaxing. Fortunately for the monkeys, when they take a bath, they do not get cold again as quickly as humans do.

　Visiting Jigokudani Monkey Park may be a little difficult for people living in Japan and visiting Japan. But it is certainly an experience that ④ . So everybody should go to see the "snow monkeys."

（注）farther：far の比較級　　parking area：駐車場

１）（ Ａ ）（ Ｂ ）に入る最も適当なものをア～エの中からそれぞれ１つずつ選び、記号で答えよ。
　　Ａ〔　ア．strong　　イ．surprised　　ウ．severe　　エ．smart　〕
　　Ｂ〔　ア．great　　イ．long　　ウ．tired　　エ．happy　〕

２）下線部①の it の内容を日本語で説明せよ。

３）下線部②の日本語の意味になるように、下の　　　　内のア～ケの語（句）を並べかえて英文を完成させるとき、（ ａ ）と（ ｂ ）に入る語（句）の記号を答えよ。ただし文頭に来る語も小文字で書いてある。
　＝（　）（　）（ ａ ）（　）（　）（　）（ ｂ ）（　）（　）that it is just amazing.

| ア．been | イ．with | ウ．finds | エ．the park | オ．me |
| カ．who | キ．everyone | ク．has | ケ．to | |

４）　③　に入る最も適当なものをア～エの中から１つ選び、記号で答えよ。
　　ア．the monkeys think that humans have something dangerous, and run away from them
　　イ．the mother monkeys holding their babies are very dangerous and get angry easily
　　ウ．the monkeys are known for taking things from tourists if they have the chance
　　エ．the monkeys are always surprised if tourists enter the park with their things in their hands

５）　④　に入る最も適当なものをア～エの中から１つ選び、記号で答えよ。
　　ア．you will easily understand　　イ．you won't easily forget
　　ウ．you have ever had　　エ．you have never seen

６）本文の内容と一致するものをア～クの中から３つ選び、記号で答えよ。
　　ア．Jigokudani is famous for its monkey park because the monkeys there enjoy taking a bath in hot springs.
　　イ．It takes more than an hour to walk to Jigokudani Monkey Park from the nearest parking area.
　　ウ．The writer doesn't like to walk to the monkey park, because you can see monkeys before you even get to the park.
　　エ．Inside Jigokudani Monkey Park, tourists can take pictures of the monkeys with their camera.
　　オ．One of the monkeys tried to take the writer's father's bag, but it couldn't.
　　カ．After monkeys take a bath in hot springs, they get cold again as quickly as humans.
　　キ．Tourists can't take a bath with the monkeys in the hot springs but can play with the monkeys outside of the springs.
　　ク．The writer wants everybody to visit Jigokudani Monkey Park.

【７】次の英文を読んで、後の問いに答えよ。

　　Takashi was in the sixth grade of an elementary school in Chiba and every day after school he went to a cram school (*juku*) which was in Tokyo, one hour from his home. (A) the cram school was very far and he had little time to play with his friends, he enjoyed the cram school (B) he had a wonderful teacher he liked very much. This young teacher encouraged Takashi, praised him and most important of all, ①　　. The teacher told Takashi that if he studied hard, he could get into a famous junior high school in Tokyo. Takashi studied hard every day.

　　One day Takashi came home from school and told his mother that almost all the other students were practicing very hard every day for the athletic meet (*undokai*). Takashi wanted to practice too but he could not because he had to go to the cram school. Takashi wanted to win a *prize at the athletic meet. Young Takashi felt very sad. His mother asked Takashi, "Which race do you want to join?" Takashi said, "I want to join the 100 meter race." While talking about the race, Takashi's mother thought of a good idea. She said, "You can win the race if you use your head." Takashi said, "What do you (C)?" His mother answered, "The race will be around a *circular track, so after the start, you must try to get as *close to the inside of the track as *possible. If you do so, then you can run the shortest *distance and you'll be able to win the race." She drew a picture of the track and showed her idea to him.

　　The day of the race came. There were eight students in the 100 meter race. Five of the students had practiced every day but Takashi could not because he had to go to the cram school. Still, Takashi felt that his mother's good idea could help him to win the race.

　　The race began. At first Takashi ran toward the inside of the track and he succeeded in getting the best position. In a few seconds he was ahead of the others. Takashi's mother was excited and very happy. She shouted encouragement to him. She turned to her husband and laughed and laughed with joy. When she turned to (D) at the race again, she was shocked to (E) that two other students were running ahead of her son. The two students had trained every day and had come from behind to overtake Takashi. At the end of the race, Takashi was third.

　　Takashi's mother asked him, "Why didn't you try hard until the end?" Takashi answered, "In my heart and in my mind, I wanted to (F) first and I told myself to run as fast as possible, but my *legs couldn't (G) faster." Takashi and his mother found that using one's head and the strong hope to win are both very important, but it is more important to practice and train every day.

（注）prize：賞　　circular：環状の　　close：近い　　as ～ as possible：出来る限り
　　　　distance：距離　　leg(s)：脚

　　　　　　　　　　出典："Takashi's Lesson" by Y. Sagawa　（一部改変）

１）(A)(B)に入る最も適当なものをア～エの中からそれぞれ１つずつ選び、記号で答えよ。
　　A［　ア．Because　　イ．After　　　ウ．When　　エ．Though　　］
　　B［　ア．though　　イ．because　　ウ．if　　　　エ．before　　 ］

２）　①　　に入る最も適当なものをア～エの中から１つ選び、記号で答えよ。
　　ア．gave Takashi an important dream
　　イ．decided to apply to a famous junior high school
　　ウ．thought about the future of Takashi's junior high school
　　エ．asked Takashi to come to the cram school with his friends

３）(C)に適当な１語を入れて英文を完成せよ。

４）(D)～(G)に入る最も適当な語をア～オの中からそれぞれ選び、記号で答えよ。
　　| ア．go　　イ．look　　ウ．see　　エ．watch　　オ．be |

５）次の英文は運動会翌日のタカシと母親の会話である。本文を参考に(①)～(⑧)に入る適当な語を答えよ。

Mother ： Yesterday you did a good job, Takashi. I wanted you to win the first prize. But the (①) prize is good enough.
Takashi ： No, Mom. I don't think so. I'm not *satisfied. I thought your idea was great and I tried to (②) your advice. I was sure that I could win. I'm sorry, Mom.
Mother ： Don't (③) about that. Do you still remember what I said?
Takashi ： Of course. You told me that just after starting the race I should go inside and run a (④) distance than the other boys joining the race. At first it went well, but the two other boys ran faster than I and finally I (⑤) to them. I tried to run as fast as possible, but my legs didn't move any more. I couldn't believe it.
Mother ： I couldn't believe it, (⑥). But I think this is not the last race for you. You will have an athletic meet in junior high school. I hope you will win next year. Now we both know the most important thing to win. Practicing hard every day is more important than using our (⑦).
Takashi ： I know, Mom. But before practicing, I have to study harder to (⑧) a famous junior high school. Well, it's time to go to cram school.

（注）satisfied：満足している

リスニング原稿

【１】次の〈問題１〉～〈問題３〉は放送による問題です。それぞれ、放送の指示に従って答えなさい。放送を聞きながらメモを取ってもかまいません。

〈問題１〉　日本人留学生のケンジが、アメリカの大学のカフェテリアでランチメニューについて尋ねています。Ｂセット(Meal B)、Ｄセット(Meal D)、Ｆセット(Meal F)の内容として最も適当なものを、６つの選択肢(ア～カ)の中から１つずつ選び、記号で答えなさい。会話は２度読まれます。

M: Hi.　Can you tell me what food is served in your meals?
W: Certainly.　Meal A is chicken and fries, and Meal B is a sandwich with soup.
M: What's in Meal C?
W: Meal C is pasta with a salad.
M: Do you have any other sets with a salad?
W: Meal F also comes with a salad and chicken.
M: Do any meals have bread?
W: Meals D and E have bread, but Meal E comes with pasta and Meal D comes with soup.
M: All right.　I'll take Meal F, then.
W: Coming right up.

〈問題２〉　これから２種類の会話と、それに関する質問を放送します。それぞれの会話に関する質問の答えとして最も適当なものを１つずつ選び、記号で答えなさい。会話と質問は１度だけ読まれます。

１）(They are talking on the phone.)
W: Hello.
M: Hello.　This is Michael.　May I speak to Jane?
W: Sorry, she's not in.　Can I take a message?
M: Yes, please.　Could you ask her to call me back at six?　I need to talk to her about tomorrow's meeting.
W: Oh, she said that she was going to come back around seven.
M: OK.　Now I will call her again around seven thirty.　Please tell her that.

Q. What will Michael do?

２）W: Which train should we take, the 11:00 express or the 10:50 local?
M: If we take the local, we will arrive at Konan Station at 11:40.
W: We will arrive there 15 minutes earlier if we take the express.
M: Well, time is money.　Let's take the express.

Q. What time will they arrive at the station?

〈問題３〉　次の英文を聞いて、以下の１）～４）の質問の答えとして最も適当なものを、それぞれア～エの中から１つずつ選び、記号で答えなさい。英文は２度読まれます。

Good evening, everyone.　Welcome to the Prince's School of English summer homestay program in sunny England.　I hope you all had a good trip by airplane and that you enjoyed your homestay last night.

Right, I'll tell you some important things.　Your English classes will start from tomorrow.　If you look at the first page of the pamphlet on the desks in front of you, you will see your schedules for your two-week English program.　As you can see, you have English communication classes every morning, and elective programs in the afternoon.　You can choose to study from the list of classes on page two.　Also, you have to take special programs three afternoons a week and all day Saturday.　These are, for example, one-day trips to famous places in England or trips to art museums, concert halls or the theater.　Again, these social programs are elective, so you can choose if you want to go to one or all of them.

Well, that is it for now.　I hope you enjoy your two weeks with us, and if you have any problems, please feel free to ask someone at the student service office.

平成27年度　滝高等学校　入学試験　数学　解答用紙

1.

(1)	(2)

(3)	(4)
$x =$	度

(5)	(6)
個	$(a, \ b) =$

2.

(1)	(2)
個	個

3.

(1)	(2)
	度

(3)	(4)
倍	

4.

(1)	(2)
$k =$	A(,) B(,)

(3)	(4)
P(,)	Q(,)

5.

(1)	(2)	(3)

平成２７年度　滝高等学校　入学試験　英語　解答用紙

受験番号

※100点満点
（配点非公表）

【1】リスニング問題

〈問題1〉
B		D		F	

〈問題2〉
1）		2）	

〈問題3〉
1）		2）		3）		4）	

【2】

1）		2）		3）	

【3】

1）a	b	2）a	b	3）a	b

【4】

1）		2）		3）	

【5】

①	*So*	*for him next Saturday.*
②	*Can you*	*?*

【6】

1）A	B

2）	

3）a	b	4）	5）	6）	

【7】

1）A	B	2）	3）	*What do you（*	*）?*

4）D	E	F	G	

5）	①	②	③	④
	⑤	⑥	⑦	⑧

教英出版

平成26年度 滝高等学校 入学試験 数学 その1

(注) 答はすべて解答用紙に記入せよ。ただし，円周率は π とし，根号は小数に直さなくてよい。

（60分）

1. 次の各問いに答えよ。

(1) $\dfrac{2}{3}xy^2 \div \left(-\dfrac{4}{3}xy\right)^2 \times (-2x^2y^3)$ を計算せよ。

(2) $-\dfrac{2x-1}{3} + x - 2 - \dfrac{x-5}{4}$ を計算せよ。

(3) $y-3$ は $x+2$ に比例し，$x=3$ のとき $y=8$ である。$x=7$ のとき，y の値を求めよ。

(4) 連立方程式 $\begin{cases} 3x+2y=4 \\ ax+y=3 \end{cases}$ が解を持たないとき，定数 a の値を求めよ。

(5) 図のように，1辺の長さ4の正方形 ABCD があり，点 P は辺 AB 上に固定されている。点 Q が頂点 B から C，D，A の順に辺上を動くとき，線分 PQ の中点が描く図形の長さを求めよ。

(6) 半径1の円が3つと，大きい円が図のように接している。このとき，大きい円の半径を求めよ。

(5) の図

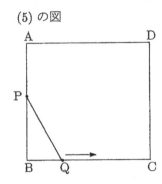

(6) の図

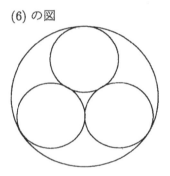

2. 原価1個2000円の品物を50個仕入れて，x ％の利益を見込んで定価をつけた。はじめの1週間は定価で売ったが30個しか売れなかったので，その後は定価の x ％引きの値段で売ったところ，品物はすべて売れた。このとき，利益の合計は2900円であった。次の各問いに答えよ。

(1) 定価を x を用いた式で表せ。

(2) 値引き後の値段を x を用いた式で表せ。

(3) x の値を求めよ。

3. 図のように，OA ＝ OB ＝ OC ＝ 4，AB ＝ BC ＝ CA ＝ 2 の正三角錐 OABC がある。辺 OA，OB 上にそれぞれ点 P，点 Q を OP ＝ OQ ＝ 3 となるようにとる。次の各問いに答えよ。

(1) PQ の長さを求めよ。

(2) △ACP と相似な三角形を1つ答えよ。ただし，合同なものは除く。

(3) CP の長さを求めよ。

(4) △CPQ の面積を求めよ。

(5) 正三角錐 OABC を，3点 C，P，Q を通る平面で切ったとき，O を含む立体をア，O を含まない立体をイとする。立体アと立体イの体積比を最も簡単な整数比で答えよ。

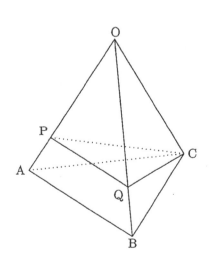

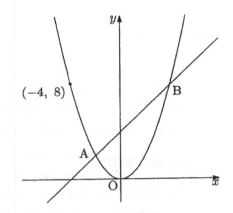

4. 図のように，点 $(-4, 8)$ を通る放物線 $y = ax^2$ と直線 $y = x + 4$ が，2点 A，B で交わっている。放物線上で2点 A，B の間に点 P をとる。このとき，次の各問いに答えよ。

(1) a の値を求めよ。

(2) 2点 A，B の座標を求めよ。

(3) $\triangle$OAB の面積を求めよ。

(4) $\triangle$PAB の面積が $\triangle$OAB の面積の $\dfrac{1}{2}$ となるような点 P の x 座標を求めよ。

5. 図のような立方体 ABCD−EFGH がある。点 P はこの立方体の辺上を頂点から頂点へ移動する。1回の移動で点 P は，辺でつながれた隣の3つの頂点のいずれかに移動し，同じ頂点にとどまることはない。次の各問いに答えよ。

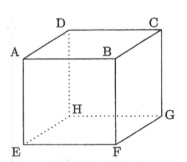

(1) 点 P が頂点 A から移動し始めて，ちょうど3回の移動で，初めて頂点 G に到達する行き方は何通りあるか。

(2) 点 P が頂点 C から移動し始めて，ちょうど3回の移動で，初めて頂点 G に到達する行き方は何通りあるか。

(3) 点 P が頂点 A から移動し始めて，ちょうど5回の移動で，初めて頂点 G に到達する行き方は何通りあるか。

（60分）

【１】次の〈問題１〉と〈問題２〉は放送による問題です。それぞれ、放送の指示に従って答えなさい。放送を聞きながらメモを取ってもかまいません。

〈問題１〉　これから読まれる１）～４）の会話を聞いて、最後の文に対する応答として
　　　　　適当なものをア～エの中からそれぞれ１つ選び、記号で答えなさい。なお、英
　　　　　文は１度しか読まれません。

1）　ア．Well, have a good time.
　　　イ．Would you like to come with me?
　　　ウ．Oh, I don't have enough time.
　　　エ．Where shall we meet then?

2）　ア．Sorry, I haven't finished it yet.
　　　イ．Yes.　But my brother did it.
　　　ウ．Sure.　No problem.
　　　エ．It was too difficult for me.

3）　ア．You should go to the City Library first.
　　　イ．You can catch it right here.
　　　ウ．The City Library is close to the City Hall.
　　　エ．You should go and buy a map.

4）　ア．All right.　I'm going now.
　　　イ．I've already been there.
　　　ウ．I cannot do my homework at the post office.
　　　エ．OK.　I'll finish my homework first.

〈問題２〉　これから James と Liz の会話と、それに関する４つの質問を放送します。その
　　　　　質問に対する答えとして適当なものをア～エの中からそれぞれ１つ選び、記号
　　　　　で答えなさい。なお、会話と質問は２度読まれます。

1）　They are going　ア．by ship.
　　　　　　　　　　　イ．by plane.
　　　　　　　　　　　ウ．by bus.
　　　　　　　　　　　エ．by train.

2）　They are going to go　ア．to Hong Kong.
　　　　　　　　　　　　　イ．to the Shanghai Tower.
　　　　　　　　　　　　　ウ．to Tokyo Disneyland.
　　　　　　　　　　　　　エ．to South Korea.

3）　They will need　ア．about $700 for each person.
　　　　　　　　　　イ．about $1,000 for each person.
　　　　　　　　　　ウ．about $2,800 for both of them together.
　　　　　　　　　　エ．about $5,600 for both of them together.

4）　ア．Liz was sick in bed for three days, so James was worried about her.
　　　イ．He went to Disneyland, but it was closed.
　　　ウ．Most of the people on the ship got sick.
　　　エ．He asked Liz to wash her hands every 30 minutes.

【２】次の英文中の下線部と同じ発音を含む語を、それぞれア～エの中から１つ選び、記号で答えよ。

1）I have not found my pen yet.
　　ア．phone　　イ．trouble　　ウ．often　　エ．mouth

2）Two dogs fight for a bone and the third runs away with it.
　　ア．taught　　イ．road　　ウ．improve　　エ．glove

3）I had a headache last night.
　　ア．chair　　イ．machine　　ウ．school　　エ．child

【３】次の日本文を参考にして、（　　）に入る適当な語を答えよ。ただし、それぞれ文字が与えられているので、その文字で始まる語を答えること。

1）たくさんの花が安く売られている。
　　Many flowers are sold at a (l-　　) price.

2）このバラはよい香りがする。
　　This rose smells (s-　　).

3）やあ、メグ。今日は別人のようだね。
　　Hi, Meg.　You look (d-　　) today.

【４】次の各組の文の（　　）に共通して入る語を答えよ。

1）{ This tent is (　　) enough for five people to sleep in.
　　{ The robber is still at (　　).　The police are looking for him.

2）{ I don't want to (　　) up late at night.
　　{ I saw the famous singer during my (　　) in New York.

【５】次の日本文を参考にして、[　　]内の語（句）を用いて英文を完成させるとき、文中の ① と ② の位置に来る語（句）を選び、それぞれ記号で答えよ。

1）1970年代には家を暖かくしておくのに石油ストーブが使われました。
　　Oil heaters □—□—①—□—□—②—□ 1970s.
　　[ア．warm　イ．keep　ウ．in the　エ．to　オ．used　カ．the house　キ．were]

2）彼は何百万の人の希望の象徴になりたいと思っています。
　　He □—□—①—□—□—②—□ of people.
　　[ア．millions　イ．hope　ウ．to　エ．of　オ．a symbol　カ．has wanted to　キ．be]

【６】次の会話が自然な流れになるように、 ① と ② にそれぞれ１文を補え。ただし、〈　　〉内に指示された語を用いること。

Ken and Jane are going to Chubu Centrair International Airport by train.　They are in front of the ticket gate at the station.

Jane : Hurry up!　The train is coming.

Ken : I know.　Run!　Run!　Run!

But the train has just left.

Jane : Oh, we missed the train.

Ken : Don't worry.　The next train comes at 11:00.

Jane : But our plane is leaving at 12:40.　□ ① □ ?　〈 take 〉

Ken : About forty minutes.　We can still get there before noon.

Jane : I see.　Now we have some time until the next train comes and I'm a little thirsty.
　　　　Look!　There's a coffee shop over there.　□ ② □ ?　〈 something 〉

Ken : Sounds good!　Let's go!

【7】次の英文を読んで、後の問いに答えよ。

One of my friends said to me, "Watching DVDs in English is a good way to learn English. If you want to become a better speaker of English, why don't you watch this?" He lent me a DVD. I watched it last Sunday, and I really loved it.

It was a movie about a *rat. He liked cooking and wanted to become a cook like a famous chef named Gusteau. Becoming a cook seemed just like a dream for him at first, because he was a rat, but in the end he was able to become ①one.

The rat lived in the country at the beginning, but (1) a stormy day he was separated from his family. He ended up in Paris, a very big city full of dreams. When he was all alone, Gusteau suddenly appeared and spoke to him. *Actually, Gusteau was already dead, so this Gusteau was not a real person, but the rat wasn't *scared of Gusteau at all. He listened to him and talked about cooking with him. Finally, Gusteau [ア] him to Gusteau's Restaurant.

The rat met a young boy who was working at the restaurant. The boy was not a good cook, and he was afraid (2) being *fired. His hope was to work as long as he could at Gusteau's. Strangely enough, the rat was able to communicate with the boy. He understood the boy's words, and he could tell the boy what he was thinking with gestures. They became good friends and shared their dreams.

They worked hard together and cooked delicious meals at the restaurant. After a while, with the help of the rat the boy was *regarded (3) a great cook at the restaurant. They felt happy, because the rat was able to cook as much as he liked and the boy was able to continue to work at the restaurant. They made the restaurant more popular. Both of their dreams came true. This DVD is a heart-warming story and has a happy ending. I really enjoyed [イ] it.

The *characters in this movie sometimes spoke very fast, but ②it was [to / difficult / not / most / me / understand / so / for] of their words and sentences. I now know why my friend advised me to watch it. I'm sure I learned a lot of English, and now I'm going to watch as many DVDs as I can in English.

I found some *phrases were repeated again and again in the story. Among them are "Anyone can cook. Only *the fearless can be great." This phrase was first spoken by Gusteau and then repeated many times by him. (4) repeating, "Anyone can cook," he probably wanted to encourage people to cook, even if they thought they were not good at cooking. If you [ウ] some words in the phrase, you can make other good phrases, such as "Anyone can be a help." and "Anyone can make it." I like this phrase: Anyone can learn English.

This movie is mainly for children, and I'm sure that ③the screen writer wanted it to teach children something important about life. He wanted to tell them to keep trying if they want to make their dreams come true. My son also watched it, and he is now practicing baseball hard to be a

professional baseball player in the future. Me? I was [エ] deeply, too, and after watching this DVD I decided to keep telling myself, "[   ]"

(注)　rat：ねずみ　actually：実際には　scared：怖がって　fire：〜を解雇する
　　　regard：みなす　character：登場人物　phrase：言い回し　the fearless：恐れざる者

1）（ 1 ）〜（ 4 ）に入る語をア〜カの中からそれぞれ１つ選び、記号で答えよ。ただし、文頭に来る語も選択肢は小文字になっている。

　　ア．for　　イ．of　　ウ．by　　エ．at　　オ．as　　カ．on

2）[ア]〜[エ]に入る語を下からそれぞれ１つ選び、必要があれば適当な形に変えて答えよ。

　　change　　　lead　　　make　　　move　　　watch

3）下線部①の one が指す具体的な内容を、本文中の２語の語句を抜き出して答えよ。

4）下線部②の[　　]内の語を正しい語順に並べかえよ。

5）下線部③について、it が指す内容を明確にし、和訳を完成せよ。

　　| その映画の作者は [   ]。|

6）文中の[   ]に入る英文を本文より抜き出して答えよ。

7）本文の内容と一致するものをア〜オの中から１つ選び、記号で答えよ。

　　ア．If you want to improve your English, you should watch as many DVDs about cooking as you can in English.

　　イ．One night the rat met Gusteau, a famous chef, in his dream and cooked delicious meals with the chef.

　　ウ．The boy working at Gusteau's restaurant had learned how to communicate with rats, so he could understand what the rat was saying.

　　エ．The movie writer tries to tell children that they have a chance to do anything they want if they don't give up their dream.

　　オ．Thanks to this DVD, any child can find their own purpose in life and make their dreams come true.

【８】次の英文を読んで、後の問いに答えよ。

1　I was walking around in a department store called Target, when I saw the clerk give this little boy some money back.　The boy was under 8 or 9 years old.　The clerk said, "I'm sorry, but you don't have enough money to buy this doll."　Then the little boy (1) to the old woman next to him, "Grandma, are you sure I don't have enough money?"　The old lady said, "You know that you don't have enough money to buy this doll, my dear."　Then she asked him to stay there for just five minutes, and she went to look around for a cheaper one.　She left quickly.　The little boy was still holding the doll in his hand.　I walked to him and I (2) him who he wished to give this doll to. "It's the doll that my sister loved most and wanted so much for Christmas.　She was sure that Santa Claus would bring it to her."　I told him that maybe Santa Claus would bring it to her after all, and that he didn't have to worry.

2　But he said to me sadly, "No, Santa Claus can't bring it to her now.　I have to give the doll to my *mummy first, so she can take it to my sister."　His eyes were so sad when he was saying this. "My sister has gone to be with God.　Daddy says that ①Mummy is going to see God very soon too, so I thought that she could take the doll to my sister."　My heart almost stopped.

3　The little boy looked up at me and said, "I told Daddy to tell Mummy not to go yet.　I need her to wait until I come back from the shops."　Then he (3) me a very nice photo of himself.　He was laughing.　He then said to me, "I want Mummy to take my picture with her, so she won't forget me."　"I love my mummy and I don't want her to leave me, but Daddy says that she has to go to be with my little sister."

4　Then he looked again with sad eyes at the doll, very quietly.　I quickly reached for the money in my pocket and said to the boy, "Why don't you check again?　You may have enough money for the doll."　"OK," he said, "I hope I have enough."　I *added some of my money to his money when he wasn't looking.　Then we (4) to count it.　There was enough for the doll and even some more money.　The little boy said, "Thank you God for giving me enough money!"

5　Then he looked at me and said, "Last night before I went to sleep, I asked God to give me enough money to buy this doll.　I wanted Mummy to be able to give it to my sister.　He heard me!" "I also wanted to have enough money to buy a white rose for my mummy, but I didn't want to ask God for too much.　But he gave me enough to buy the doll and a white rose."　"My mummy loves white roses."　As I saw the old lady returning, I walked away with my shopping basket.

6　②I couldn't get the little boy out of my mind.　Then I remembered a newspaper *article from two days before.　A *drunk man in a truck hit a young woman and a little girl.　The little girl died quickly, and the mother was dying and would not be able to come out of the *coma.　The family had to make a choice: to continue to use the *life-sustaining machine, or to stop using it.　Was this the little boy's family?

7　Two days after I met the little boy, I read in the newspaper, "The young woman ③passed away." I couldn't stop myself from buying white roses and going to the *funeral.　People could see the body of the young woman and make last wishes.　She was there holding a beautiful white [A] in her hand with the [B] of the little boy and the [C] on her chest.　I left the place, and felt that my life had been changed forever.　④The love that the little boy had for his mother and his sister is still hard to imagine.

（注）　mummy：ママ（幼児語）　　　add：～を加える　　　article：記事　　　drunk：酔った
　　　　coma：昏睡状態　　　life-sustaining machine：生命維持装置　　　funeral：葬式

出典：http://www.fropki.com/　　Heart Touching Story of a Little Boy　by Saurabh（一部改訂）

1）（ １ ）～（ ４ ）に入る動詞をア～エの中からそれぞれ１つ選び、記号で答えよ。

ア．started　　　　イ．asked　　　　ウ．turned　　　　エ．showed

2）下線部①の内容として適当なものをア～エの中から１つ選び、記号で答えよ。

ア．母さんもすぐに神様のところまで妹を探しに行ってくれるだろう、ということ。
イ．母さんもすぐに亡くなった妹のいる神様のところに行くことになるだろう、ということ。
ウ．母さんもすぐに神様のところに行って人形をもらってきてくれるだろう、ということ。
エ．母さんもすぐに妹を返してほしいと神様にお願いしてきてくれるだろう、ということ。

3）下線部②の内容として適当なものをア～エの中から１つ選び、記号で答えよ。

ア．I could never forget the boy.
イ．I couldn't see the boy again.
ウ．I couldn't take the boy out of the shop.
エ．I forgot the boy for some time.

4）下線部③と同じ意味の１語を第５段落～第７段落の中から抜き出して答えよ。

5）[Ａ]～[Ｃ]に入る１語をそれぞれ答えよ。

６）と７）は（その５）にあります。

6）下線部④の内容として適当なものをア～エの中から１つ選び、記号で答えよ。

　　ア．なぜあの少年が母親と妹をあれほど愛していたのかは、全く理解ができない。

　　イ．あの少年は母親と妹に対して、想像しようもないくらいの深い愛情を持っていた。

　　ウ．あの少年は誰よりも母親や妹を大切にしようとずっと一生懸命に考えていた。

　　エ．どのようにあの少年が母親と妹に対して愛情を示していたのかは、想像し難い。

7）次の英文は、本文の内容を "the boy" の視点で表現したものである。①（　　）～⑥（　　）
　　に入る１語を答えよ。ただし、それぞれ文字が与えられているので、その文字で始まる語
　　を答えること。また、以下の英文の "I" は本文の "the boy" として読むこと。

I've become really sad.　I feel so lonely.　I loved my mummy.　I loved my sister.　But suddenly they went far away from my daddy and me.

They were hit by a truck.　My sister died soon ①(a-) they were hit.　My mummy was badly ②(i-), and she fell into a coma.　A life-sustaining machine was necessary for her to live.

My sister had wanted a doll for Christmas, and was going to ask Santa Claus to give it to her. She couldn't get it because she had to leave.　What could I do for her?　I decided to get the doll and ask Mummy to take it to my sister.　The doctor was sorry to say that it would be very ③(d-) for Mummy to come out of the coma.　I loved Mummy and wanted to be with her, but I knew that she would have to go to my sister.　I told my daddy to tell my mummy to wait for me to bring her the doll.　I went out to buy the doll with Grandma.　At a Target the clerk said she couldn't ④(s-) it to me because I didn't have enough money.　I was sure then that I wouldn't be able to buy it.

Then a man came to me and gave me some ⑤(a-).　He told me that I should check my money again.　I was really happy to find that I had enough money to buy it!　Actually, the night before, I asked God to give me enough money to buy the doll for my sister.　I hoped that God would hear and help me, and he did.　So I said to myself, "God gave me a chance to give a last ⑥(p-) to my sister."

平成26年度　滝高等学校　入学試験　英語

※教英出版注
音声は，解答集の書籍ＩＤ番号を
教英出版ウェブサイトで入力して
聴くことができます。

（リスニング原稿）

リスニング原稿
【1】次の〈問題1〉と〈問題2〉は放送による問題です。それぞれ、放送の指示に従っ
て答えなさい。放送を聞きながらメモを取ってもかまいません。

〈問題1〉 これから読まれる1）～4）の会話を聞いて、最後の文に対する応答として
　　　　　適当なものをア～エの中からそれぞれ1つ選び、記号で答えなさい。なお、英
　　　　　文は1度しか読まれません。

1） A ： Hi, Nancy.　What are you doing this weekend?
　　 B ： I'm going to go shopping in Nagoya.　How about you, Jim?
　　 A ： I'm going on a picnic with my family.
　　 B ： ☐

2） A ： Nancy, have you done your math homework?
　　 B ： Of course, I have, Jim.　It took me only half an hour.
　　 A ： Great.　I'm doing it right now.　But some of the questions are too difficult for me.
　　　　 Can you help me?
　　 B ： ☐

3） A ： Excuse me.　Does this bus go to the City Library?
　　 B ： No, it goes to the City Hall.　You have to take the No. 7 bus.
　　 A ： Where should I go?
　　 B ： ☐

4） A ： Nancy, did you go to the post office yet?
　　 B ： Not yet.　I'll go after I finish my homework.
　　 A ： You'd better go right now.　It's going to rain this afternoon.
　　 B ： ☐

〈問題2〉 これから James と Liz の会話と、それに関する4つの質問を放送します。その
　　　　　質問に対する答えとして適当なものをア～エの中からそれぞれ1つ選び、記号
　　　　　で答えなさい。なお、会話と質問は2度読まれます。

James ： Hi, Liz.　I heard you're going to Asia with your mom.　Are you excited?
Liz ： Yeah.　We have never traveled outside the United States.
James ： Where are you going?
Liz ： We are going to go to Hong Kong and Shanghai in China.　We'll fly to Hong Kong,
　　　 and stay there for three nights.　Then we will travel on a cruise ship to Shanghai.
James ： Are you going to visit Disneyland in Shanghai?
Liz ： No.　It's not open yet.　But we are going to visit the Shanghai Tower.　It's about
　　　 480 meters high.
James ： That's so cool!　Are you going to fly back to the United States from Shanghai?
Liz ： No.　From Shanghai, we will take the cruise ship to South Korea, and then to Japan.
　　　 From Japan, we will fly back to Los Angeles.
James ： That sounds expensive!　How much money will you need for the trip?
Liz ： We'll need about $2,800 for each person.
James ： Be careful on the cruise.　Last summer I took a cruise with my family to the
　　　 Bahamas, but almost all the people on the ship got sick.
Liz ： Were you all right, James?
James ： No.　I also got sick and was in bed for three days.
Liz ： I am so sorry to hear that.　Did the company do anything for you?
James ： Yeah!　They gave us some money back.　So we can take another trip.　But no more
　　　 cruises for me!
Liz ： Wow, wow!　Well, Mom and I are going to wash our hands every 30 minutes, and
　　　 we're going to bring masks with us, and we won't touch anything!
James ： Ha, ha.　Have a safe trip!

Question 1　How are Liz and her mom going to get to Shanghai from Hong Kong?

Question 2　Where are Liz and her mom going to go after leaving Shanghai?

Question 3　How much money will Liz and her mom need for their trip?

Question 4　What happened when James had a trip last summer?

平成26年度　滝高等学校　入学試験　数学　解答用紙

受　験　番　号

※100点満点
（配点非公表）

1.

(1)	(2)	(3)
		$y =$

(4)	(5)	(6)
$a =$		

2.

(1)	(2)	(3)
円	円	$x =$

3.

(1)	(2)	(3)
PQ $=$		CP $=$

(4)	(5)
△CPQ $=$	ア：イ $=$　　　　：

4.

(1)	(2)
$a =$	A（　　，　　），B（　　，　　）

(3)	(4)
△OAB $=$	

5.

(1)	(2)	(3)
通り	通り	通り

※100点満点
（配点非公表）

受　験　番　号

【1】

〈問題１〉　1)　　　2)　　　3)　　　4)

〈問題２〉　1)　　　2)　　　3)　　　4)

【2】

1)　　　2)　　　3)

【3】

1)　　　2)　　　3)

【4】

1)　　　2)

【5】

1)　①　　②　　2)　①　　②

【6】

①　　　　　　　　　　　　　　　　　　　　？

②　　　　　　　　　　　　　　　　　　　　？

【7】

1)　(1)　　　(2)　　　(3)　　　(4)

2)　[ア]　　　[イ]　　　[ウ]　　　[エ]

3)

4)

5)　その映画の作者は [
　　　　　　　　　　　　　　　　　　　　　]。

6)　　　　　　　　　　　　　　7)

【8】

1)　(1)　　　(2)　　　(3)　　　(4)

2)　　　3)　　　4)

5)　[A]　　　[B]　　　[C]　　　6)

7)　①　　②　　③　　④
　　⑤　　⑥

(60分)　　　　　(注)　答はすべて解答用紙に記入せよ。ただし, 円周率は π とし, 根号は小数に直さなくてよい。

1. 次の各問いに答えよ。

(1) $\dfrac{(5+2\sqrt{6})^2-(5-2\sqrt{6})^2}{5\sqrt{3}}$ を計算せよ。

(2) x %の食塩水 y g に $3y$ g の水を加えたときの濃度 (%) を表す式を求めよ。

(3) $1\times2\times3\times\cdots\times29\times30$ を素因数分解すると $2^a\times3^b\times5^c\times\cdots\times29^j$ の形になる。 a と b の値をそれぞれ求めよ。

2. 放物線 $y=ax^2$ 上に3点 A$(-1,\ p)$, B$\left(-\dfrac{1}{2},\ \dfrac{1}{4}\right)$, C$(q,\ 4)$ (ただし, $q>0$) がある。この放物線上に点 D を AC $/\!/$ BD となるようにとる。次の各問いに答えよ。

(1) $a,\ p,\ q$ の値をそれぞれ求めよ。

(2) 直線 AC の式を求めよ。

(3) 点 D の座標を求めよ。

(4) 台形 ABDC の面積を求めよ。

3. 3点 A$(3,\ 7)$, B$(8,\ 4)$, C$(6,\ 9)$ を頂点とする △ABC がある。また, 2つのサイコロ P, Q を投げたときの出た目をそれぞれ $p,\ q$ として, 直線 $\ell:y=\dfrac{q}{p}x$ を考える。次の各問いに答えよ。

(1) 直線 ℓ が点 B を通る確率を求めよ。

(2) 直線 ℓ が辺 BC(両端を含む) と交わる確率を求めよ。

(3) 直線 ℓ が △ABC の周および内部と交わらない確率を求めよ。

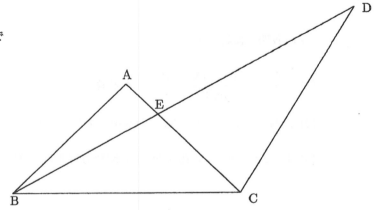

4.　右の図において，$\angle A = 90°$，$AB = AC$，$\angle BCD = 120°$，$CB = CD = 2$ である。また，点 E は AC と BD の交点である。次の各問いに答えよ。

(1)　$\angle DEC$ の大きさを求めよ。

(2)　BE の長さを求めよ。

(3)　$\triangle BCE$ の面積を求めよ。

(4)　$\triangle ABE$ の面積は $\triangle CDE$ の面積の何倍か。

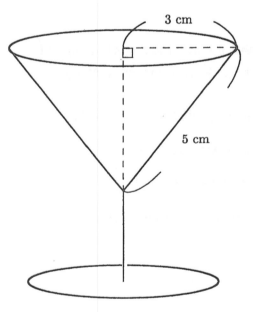

5.　右の図のような円すい形のグラスがある。赤い球をグラスに入れた場合，真横から見るとちょうど半分だけ球が隠れる。また，白い球をグラスに入れた場合，真横から見るとちょうど全部球が隠れる。次の各問いに答えよ。

(1)　赤い球の半径を求めよ。

(2)　白い球の半径を求めよ。

(3)　白い球とグラスが接している部分の長さを求めよ。

6.　あるスーパーでは，500円未満の買い物には値引きがなく，500円以上2000円未満の買い物には5%，2000円以上の買い物には10%の値引きがある。次の各問いに答えよ。

(1)　定価400円と定価1200円の商品を別々に買ったときと，まとめて買ったときの差額はいくらか。

(2)　ある人がこのスーパーで次のように4日連続で買い物をした。

1日目	商品 X と Y を別々に買ったところ，Y のみ値引きがあった。
2日目	商品 X と Y をまとめて買ったところ，1日目よりも125円安く買えた。
3日目	商品 X，Y，Z を別々に買ったところ，Z については5%の値引きがあった。
4日目	商品 X，Y，Z をまとめて買ったところ，3日目よりも180円安く買えた。

商品 X，Y，Z の定価をそれぞれ，x 円，y 円，z 円とするとき，

(i)　x と y の関係式を求めよ。

(ii)　z の値を求めよ。

（60分）

【1】次の〈問題1〉と〈問題2〉は放送による問題です。それぞれ、放送の指示に従って答えなさい。放送を聞きながらメモを取ってもかまいません。

〈問題1〉 これから読まれる（1）～（5）の会話を聞いて、最後の文に対する応答として最も適当なものをア～エの中からそれぞれ1つずつ選び、記号で答えなさい。なお、英文は1度しか読まれません。

(1) ア．Of course you may.
　　イ．I'm glad you like it.
　　ウ．Where did you buy it?
　　エ．It's very kind of you.

(2) ア．I will go to see a doctor.
　　イ．I don't know where the hospital is.
　　ウ．Really?　OK.　I will.
　　エ．I wanted to become a doctor.

(3) ア．Because I like Chinese better than Japanese.
　　イ．Because I don't have to study a foreign language.
　　ウ．Because every student has to take English courses.
　　エ．Because I already know a little, and I have a friend from Japan.

(4) ア．No.　I didn't sleep well.
　　イ．Yes, he did.　Thanks.
　　ウ．No.　I don't like to swim.
　　エ．Yes, I do.　I can't sleep well.

(5) ア．Because it was on TV.
　　イ．You will love it.
　　ウ．It's closed today.
　　エ．It's next to my house.

〈問題2〉 これから Fred と彼の母親の会話と、それに関する4つの質問を放送します。その質問に対する答えとして最も適当なものをア～エの中から1つずつ選び、記号で答えなさい。なお、会話と質問は2度読まれます。

(1) They are 　ア．cleaning Fred's room.
　　　　　　　イ．getting ready for Fred's trip.
　　　　　　　ウ．choosing Fred's T-shirts.
　　　　　　　エ．looking for the suitcase.

(2) He uses it 　ア．to lock the suitcase.
　　　　　　　イ．to open the room.
　　　　　　　ウ．to lock the house.
　　　　　　　エ．to open the small bag.

(3) He has it 　ア．in his suitcase.
　　　　　　　イ．in the car.
　　　　　　　ウ．in his small bag.
　　　　　　　エ．in his pocket.

(4) She is 　ア．surprised.
　　　　　　イ．glad.
　　　　　　ウ．worried.
　　　　　　エ．angry.

※教英出版注
音声は、解答集の書籍ID番号を教英出版ウェブサイトで入力して聴くことができます。

【２】次の単語の下線部と同じ発音を含む語を、それぞれア〜エの中から１つずつ選び、記号で答えよ。

(1) change　［ア．stadium　イ．breakfast　ウ．natural　エ．many　　］

(2) soup　　［ア．walk　　イ．school　　ウ．enough　　エ．moment　］

(3) watched　［ア．studied　イ．laughed　ウ．needed　エ．played　］

【３】次の日本文を参考にして、（　　）に入れるのに最も適当な語を答えよ。

(1) 私はこんなに美味しいトマトジュースを飲んだことがありません。
This is the（　　　　）delicious tomato juice I've ever drunk.

(2) クジラは魚じゃないって学校で習わなかった？
Weren't you（　　　　）at school that whales are not fish?

(3) このテレビドラマはこの夏に映画化されます。
This TV drama will be made（　　　）a movie this summer.

(4) 君のせいで、お金を全部使ってしまい歩いて帰宅せねばならなかった。
（　　　　）to you, I spent all my money and had to walk home.

【４】次の対話文を、[　　]内の語（句）を用いて完成させるとき、文中の ① と ② の位置に来る語（句）を選び、それぞれ記号で答えよ。

(1) A: Do you practice the piano every day?
B: No.　Just one or two times a week.　I ☐ ― ☐ ― ☐ ― ① ― ☐ ― ② .
[ア．practice　イ．before　ウ．don't　エ．much　オ．as　カ．so]

(2) A: You told me that you caught some fish.　But you don't have any now.
B: Well, I ☐ ― ① ― ☐ ― ☐ ― ② ― ☐ .
[ア．beside me　イ．them all　ウ．fishing　エ．to　オ．gave　カ．a girl]

(3) A: What's this?
B: It's a compass.　It's ☐ ― ① ― ☐ ― ② ― ☐ ― ☐ .
[ア．to　イ．a tool　ウ．use　エ．circles　オ．we　カ．draw]

【５】次の日本文の下線部を英語にせよ。ただし、〈　　〉内に指示された語を適当な形に変えて用いること。

A: 沖縄へ行ったことがありますか。
B: はい。一度だけ行ったことがあります。〈 be 〉

【６】次のイラストを参考にして、（　　　）に適切な語句を補って英文を完成させよ。

When an *earthquake comes, （　　　　　　　　）under the table because（　　　　　　　）.
（注）earthquake：地震

【7】次の英文を読んで、後の問いに答えよ。

　　I always wanted a dog. I asked my parents every day for one. They always said no. My parents said we needed a fence first to keep the dog in the yard.

　　I never gave up. I put all of my extra coins from lunch or other times in a pot. I《　A　》the pot "Fence Money." The coins I found on the ground or in the sofa, I put in the pot. I also 《　B　》homemade lemon drinks on my street. I didn't make that much money, but after I tried so hard, my parents decided to build the fence.

　　When I was in my second year of junior high school, I tried to get information about all kinds of dogs. My sister gets sick around dogs, so we needed a special dog. Poodles, Bichons, Malteses and many other curly haired dogs were OK. I wanted a big dog, but a small dog was the kind my mother liked. I wanted a dog so much, so ⬚⬚⬚⬚⬚⬚⬚⬚⬚⬚. My mom took me to see many different dogs, and after 《　C　》around for a long time, we found a lady selling Bichon Frises. ①Bichon Frises are small white puffy dogs. They look like they are made of clouds, because their hair is so puffy. When we saw the puppies, they were so cute. My mom wanted a girl dog, and there were two girl dogs left. I picked up one of the dogs. She was very noisy and seemed like she wanted to be with ②her mother. I was worried that this puppy would not be happy being away from her family. I wanted a happy dog. I picked up the other puppy, who was very quiet. Very quickly, she snuggled me. She seemed〈　　〉in my arms. I think she thought I was her mother. She was the puppy I wanted. So we decided to buy her.

　　She had to stay with her mother for a few more weeks, but after that we could take her home. I named her Snuggles because when I first held her she snuggled me. She was so happy, and so was I. We did everything together. Before she learned to go to the bathroom outside, we 《　D　》her in the kitchen. I slept on the kitchen floor to be near her. I made a nice dog bed, and ③it even had a clock under the blankets, because I didn't want her to be lonely. It sounded like the beating of her mother's heart. Every time I went to sleep, I put her in her bed and then got in my sleeping bag. However, I woke up every few hours and found her in my sleeping bag, snuggling me! I put her back in her bed, and went back to sleep. Only a few hours later I woke up again and found her with me. I was worried that I would hurt her, because I was so big and she was so small. I never hurt her, and we were best friends for more than 13 years.

(1) 《　A　》〜《　D　》に入る動詞を下の語群から選び、それぞれ正しい形にして答えよ。

| keep / call / look / sell |

(2) ⬚⬚⬚ に入れるのに最も適当なものをア〜エの中から1つ選び、記号で答えよ。
　　ア．I said a small dog was not good
　　イ．I said a small dog was bad
　　ウ．I didn't say a small dog was good
　　エ．I didn't say a small dog was bad

(3) 下線部①が指す犬の容姿を正しく表す写真をア〜エの中から1つ選び、記号で答えよ。
　　ア．　　　　　　イ．　　　　　　ウ．　　　　　　エ．

(4) 下線部②は何を指すか。最も適当なものをア〜エの中から1つ選び、記号で答えよ。
　　ア．my mom　　　イ．the puppy's mother　　　ウ．the other puppy　　　エ．the lady

(5) 〈　　〉に入れるのに最も適当なものをア〜エの中から1つ選び、記号で答えよ。
　　ア．happy　　　イ．worried　　　ウ．angry　　　エ．tired

(6) 子犬を寂しがらせないために、筆者が下線部③のようなベッドを作ったのはなぜか。日本語で説明せよ。

(7) 本文の内容と一致する英文をア〜カの中から2つ選び、記号で答えよ。
　　ア．I made enough money to build a fence because I wanted a dog.
　　イ．I wanted to buy the dog which I picked up first.
　　ウ．My dog's name Snuggles came from the thing she did to me when I first held her.
　　エ．We bought a dog, but we couldn't bring the dog home on that day.
　　オ．I woke up many times at night because the dog was too noisy.
　　カ．Snuggles and I are still good friends because we did everything together.

【8】次の英文を読んで、後の問いに答えよ。

In the Far East there was a great king who had no work to do. Every day, and all day long, he sat on a soft chair and listened to stories. And he never grew tired of hearing any long story.

"There is only one bad point that I find with your story," he often said: "it is too 〈　　　〉."

All the story-tellers in the world were invited to his palace; and some of them told stories that were very long indeed. But the king was always sad when a story was finished.

At last he sent word into every city and town and country place, offering a *prize to anyone who could tell him a story which would never end. He said, —

"For the man who tells me a story which will last forever, my prettiest daughter will become his wife; and I will make him my *heir, and he can be king after me."

But this was not all. He also said, "If any man cannot continue his story, I will cut his head off."

The king's daughter was very pretty, and there were many young men in that country who would do anything to win her. But no one wanted to lose his head, and so only a few tried for the prize.

One young man made a story that lasted three months; but at the end of that time, he could think of nothing more. And the king's word was not broken. Everyone in the country was surprised to hear ①this sad news about him, and no one wanted to be like him.

But one day a man from the South came into the palace.

"Great king," he said, "is it true that you offer a prize to the man who can tell a story that has no end?"

"It is true," said the king.

"And are you really going to give him your beautiful daughter as his wife?"

"②Yes, if he can," said the king. "But if he can't, he must lose his head."

"Very well, then," said the man. "I have an interesting story about *locusts which I'd like to tell."

"Tell it," said the king. "I will listen to you."

The story-teller began his story.

"Once upon a time there was a king. He *seized upon all the corn in his country, and kept it in a big *storehouse. But a lot of locusts came over the land and saw the storehouse. After they tried to enter for many days, they found on the east side of the house ③. So one locust went in and carried away a piece of corn; then another locust went in and carried away a piece of corn; then another locust went in and carried away a piece of corn."

Day after day, week after week, the man kept on saying, "Then another locust went in and carried away a piece of corn."

A month passed; a year passed. At the end of two years, the king said, —

"How much longer will the locusts be going in and carrying away corn?"

"Oh! King!" said the story-teller, "they still have cleared only one *cubit; ④."

"Man, man!" cried the king, "you will make me tired. I can listen to it no longer. Take my daughter; be my heir. But don't tell me another word about those terrible locusts!"

And so the strange story-teller married the king's daughter. And he lived happily in the land for many years. But his father-in-law, the king, did not want to listen to any more stories.

（注）prize：ほうび　　heir：後継者　　locust(s)：イナゴ、バッタ
seize(d) upon 〜：〜を刈り取る　　storehouse：倉庫
cubit：古代の長さの単位　約５０センチメートル

出典：http://www.mainlesson.com/　Fifty Famous Stories Retold by James Baldwin（一部改訂）

(1) 〈　　〉に入れるのに最も適当なものをア〜エの中から１つ選び、記号で答えよ。
　　ア．interesting　　　イ．bad　　　ウ．short　　　エ．perfect

(2) 下線部①の内容を１５字以内の日本語で説明せよ。ただし、句読点も字数に数えること。

(3) 下線部②の後に省略されている語句を本文中から８語以内で抜き出せ。

(4) ③に入れるのに最も適当なものをア〜エの中から１つ選び、記号で答えよ。
　　ア．a good hole that only locusts could pass through to carry away many pieces of corn at a time
　　イ．a nice hole that was convenient for many locusts to pass through at a time with a piece of corn
　　ウ．a small hole that was just large enough for one locust to pass through at a time
　　エ．the right hole that one locust could throw a piece of corn through and another could receive it on the other side

(5) ④に入れるのに最も適当なものをア〜エの中から１つ選び、記号で答えよ。
　　ア．and they can carry away corn until the end of this year
　　イ．and the locusts were very tired and stopped carrying
　　ウ．but the locusts couldn't find any more cubits there
　　エ．and there are many thousand cubits in the storehouse

(6) 本文を参考にして、次の Emi と Jim の会話文の ┌A┐・┌B┐ に入れるのに最も適当な
　　ものをア～カの中からそれぞれ１つずつ選び、記号で答えよ。

　　　　Emi ： Have you ever read a story like that?

　　　　Jim ： No.　It was quite interesting, wasn't it?

　　　　Emi ： Yeah.　The story-teller must be very smart to make a story like that.

　　　　Jim ： I think so, too.　It is important to have a good idea.

　　　　Emi ： Shall we try to make a story that lasts forever?

　　　　Jim ： That sounds interesting!　Let's try that.

　　　　Emi ： Well, let me see ….　"Once upon a time there were thirsty ants.　They wanted to
　　　　　　　 drink water, and they looked for something to drink.　At last, they found a *pond.
　　　　　　　 One ant drank some water.　And another ant drank some water.　And another ant
　　　　　　　 drank some water."

　　　　Jim ： Hey, hey!　Please stop that.

　　　　Emi ： "And another ant drank some water.　And another ant drank some water …."

　　　　Jim ： Then, I'll stop the story.　"One day, ┌　A　┐."

　　　　Emi ： No, you can't.　"But the next day, ┌　B　┐."

　　　　Jim ： OK, you win!

　　　　　　　（注）　pond：池

　　　ア．many ants were born and they were also thirsty

　　　イ．you lost your money on the way, so you couldn't buy a bottle of water

　　　ウ．it began to rain and the pond was filled up with water

　　　エ．I felt thirsty, so I bought a bottle of water at a convenience store

　　　オ．it was very hot and all of the water in the pond was gone

　　　カ．the ants had a fight against locusts and the ants won it

リスニング原稿
【１】次の〈問題１〉と〈問題２〉は放送による問題です。それぞれ、放送の指示に従って答えなさい。放送を聞きながらメモを取ってもかまいません。

〈問題１〉　これから読まれる（１）〜（５）の会話を聞いて、最後の文に対する応答として最も適当なものをア〜エの中からそれぞれ１つずつ選び、記号で答えなさい。なお、英文は１度しか読まれません。

(1) A : Hi, Mike.　Today is my birthday.　I'm sixteen at last.
　　B : I know, Jane.　Happy birthday!　Here is a present for you.
　　A : May I open it?　Oh, it's beautiful.　Thank you very much.
　　B : (　　　　)

(2) A : Tom, will you go to the supermarket for me?
　　B : Oh, Mom, I have lots of homework today.
　　A : I know, but I have to take Linda to the hospital.　She has a bad cold.
　　B : (　　　　)

(3) A : What are you studying, Paul?
　　B : I'm studying Japanese now.　At college, we have to choose one foreign language.
　　A : Why did you choose Japanese?
　　B : (　　　　)

(4) A : Hello, Kevin.　Are you all right?　You don't look well.
　　B : Well, I feel a little tired this morning.
　　A : What's wrong?　Didn't you have a good sleep last night?
　　B : (　　　　)

(5) A : Is this the shop that we saw on TV yesterday?
　　B : No, we'll go there tomorrow.
　　A : Why don't we go there today?
　　B : (　　　　)

※教英出版注
音声は，解答集の書籍ＩＤ番号を
教英出版ウェブサイトで入力して
聴くことができます。

〈問題２〉　これから Fred と彼の母親の会話と、それに関する４つの質問を放送します。その質問に対する答えとして最も適当なものをア〜エの中から１つずつ選び、記号で答えなさい。なお、会話と質問は２度読まれます。

Mother : Fred, have you finished?
　Fred : Sorry, Mom.　I haven't finished packing yet.　But it's all right.　There isn't much to do.
Mother : You know it's 1:30.　We have only 30 minutes left.　Hurry up.　Let me help you.　Oh.　There isn't much room in your suitcase.　Is there anywhere to put these T-shirts?
　Fred : Yeah, sure.　They'll go in here.　But there's another jacket I want to pack.
Mother : Put it in the right corner.　OK.　I think we can close it now.　Do you have the key?
　Fred : Key?　What key?
Mother : I mean the key to lock the suitcase, of course.
　Fred : Oh, yeah.　I have it, Mom.　There's nothing to worry about.
Mother : Do you have your plane ticket and passport?　You must keep them with you all the time.
　Fred : Yes, I took them out of my small bag and put them in my pocket.
Mother : What about your address book?
　Fred : I have it in my bag.
Mother : Well, I'll call Jennifer to meet you at Narita Airport.
　Fred : Thanks, Mom, but I'll call Aunt Jennifer myself before I check in at the airport.
Mother : OK.　I see.　I don't know why I am worrying so much.　Take care of yourself.　Call us when you arrive at Narita.
　Fred : I will.　Don't worry.　Everything will be all right.

Question 1　What are Fred and his mother doing?

Question 2　What does Fred use the key for?

Question 3　Where does Fred have his plane ticket?

Question 4　How does Fred's mother feel about her son's trip?

【リスニング問題】
[1] 次の〔問題1〕と〔問題2〕は放送による問題です。それぞれ、放送の指示に従って答えなさい。放送を聞きながらメモを取ってもかまいません。

〔問題1〕 これから読まれる(1)～(5)の会話を聞いて、最後の文に対する応答として最も適当なものを、それぞれアからエの中から1つずつ選び、記号で答えなさい。なお、会話は2回ずつくり返します。

(1) A : Hi, Mom. Today is my birthday. I'm sixteen at last.
B : I know, Jane. Happy birthday! Here is a present for you.
A : May I open it? Oh, it's beautiful. Thank you very much.
B : (　　)

(2) A : Tom, will you go to the supermarket for me?
B : OK. I have a lot of homework today.
A : I know, but I have to take Linda to the hospital. She has a bad cold.
B : (　　)

(3) A : What are you studying, Paul?
B : I'm studying Japanese now. At college we have to choose one foreign language.
A : Why did you choose Japanese?
B : (　　)

(4) A : Hello, David. Are you all right? You don't look well.
B : Well, I had a hard time this morning.
A : What's wrong? Didn't you have a good sleep last night?
B : (　　)

(5) A : Is this the dog that we saw on TV yesterday?
B : No, we'll go there tomorrow.
A : Why don't we go there today?
B : (　　)

〔問題2〕 Fred と彼の母親の会話と、それに関する4つの質問を放送します。その質問に対する答えとして最も適当なものをアからエの中から1つずつ選び、記号で答えなさい。なお、会話と質問は2回ずつくり返します。

Mother : Fred, have you finished?
Fred : Sorry, Mom. I haven't finished packing yet. But it's all right. That isn't much to do.
Mother : You know it's 1:30. We have only 30 minutes left. Hurry up. Let me help you. Oh, there isn't much room in your suitcase. Is there anywhere to put these T-shirts?
Fred : Yeah, sure. They'll go in here. But there's a nice jacket I want to pick.
Mother : Put it in the right corner. OK. I think we can close it now. Do you have the key?
Fred : Key? What key?
Mother : I mean the key to lock the suitcase, of course.
Fred : Oh, yeah. I have it, Mom. There's nothing to worry about.
Mother : Do you have your plane ticket and passport? You must keep them with you all the time.
Fred : Yes, I took them out of my small bag and put them in my pocket.
Mother : What about your address book?
Fred : I have it in my bag.
Mother : Well, I'll call Janifer to meet you at Narita Airport.
Fred : Thanks, Mom, but I'll see Aunt Linda in London before I reach in the airport.
Mother : Oh... Aunt... I don't know why I am worrying so much. That reminds me, please text me when you arrive in Italy.
Fred : I will. Don't worry. Everything will be all right.

Question 1 : When we Fred find his jacket Abbly?

Question 2 : What does Fred take to Italy?

Question 3 : Where does Fred have his address book?

Question 4 : How does Fred's mother feel about her son? (?)

平成25年度　滝高等学校　入学試験　数学　解答用紙

受験番号		※100点満点 （配点非公表）

1.

(1)	(2)　　　　　　　%	(3)　　$a =$　　　　　$b =$

2.

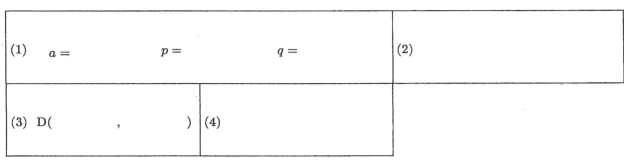

(1)　　$a =$　　　　　　$p =$　　　　　　$q =$	(2)
(3)　D(　　　,　　　)	(4)

3.

(1)	(2)	(3)

4.

(1)　　　　　　　度	(2)	(3)	(4)　　　　　　倍

5.

(1)　　　　　cm	(2)　　　　　cm	(3)　　　　　　cm

6.

(1)　　　　　　円	(2) (i)	(ii)

平成２５年度　滝高等学校　入学試験　英語　解答用紙

受　験　番　号

※100点満点
（配点非公表）

【1】

〈問題１〉　(1) 　　　　(2) 　　　　(3) 　　　　(4) 　　　　(5)

〈問題２〉　(1) 　　　　(2) 　　　　(3) 　　　　(4)

【2】

(1) 　　　　(2) 　　　　(3)

【3】

(1) 　　　　(2) 　　　　(3) 　　　　(4)

【4】

(1) ① 　　② 　　(2) ① 　　② 　　(3) ① 　　②

【5】

【6】

When an earthquake comes, (　　　　　　　　　　　　　　　　) under the table

because (　　　　　　　　　　　　　　　　　　　　).

【7】

(1) A 　　　　B 　　　　C 　　　　D

(2) 　　(3) 　　(4) 　　(5)

(6)

(7)

【8】

(1)

(2)

(3)

(4) 　　(5) 　　(6) A 　　B

Ｋ教英出版